Pipocando

Rolandinho & Bruno Bock

1ª Impressão — 2016

Produção editorial: Equipe Novo Conceito
Revisão: Robson Falcheti Peixoto
Fotos da capa: Michel Souza
Ilustração da capa: Vitor Rolim
Ilustrações internas: Gustavo Souza e Caroline Mura

Dados Internacionais de Catalogação na Publicação (CIP)
(Câmara Brasileira do Livro, SP, Brasil)

Bock, Bruno ; Marchese, Bruno
    Pipocando / Rolandinho e Bruno Bock. -- Ribeirão Preto, SP : Novo Conceito
Editora, 2016.

    ISBN 978-85-8163-813-3

    1. Blogs (Internet) - Vídeos 2. Cinema 3. Comunicação digital 4. Internet
5. Pipocando (Programa de televisão) 6. Redes sociais online 7. YouTube (Recurso
eletrônico) I. Bock, Bruno. II. Título.

16-05277   CDD-303.4833

Índices para catálogo sistemático:
1. Pipocando : Vídeo : Internet : Comunicação digital 303.4833

Novas Páginas
Rua Dr. Hugo Fortes, 1885
Parque Industrial Lagoinha
14095-260 – Ribeirão Preto – SP
www.editoranovoconceito.com.br

AGRADECIMENTOS

O Pipocando é o resultado de um esforço colaborativo. É a história de várias pessoas reunidas por um desejo em comum de fazer o que gosta como estilo de vida. Somos muito gratos a todos os amigos e parceiros que embarcaram nessa viagem com a gente sem nenhuma garantia. Arriscaram tudo nesse sonho maluco e agora aproveitam conosco esse momento maravilhoso. A toda a equipe do Pipocando e da Blues: MUITO OBRIGADO! É um privilégio dividir nossa história com vocês.

SUMÁRIO

JOVEM NERD

Começar um negócio do zero é uma tarefa corajosa. Envolve sonhos, expectativas, incertezas, mas muita convicção. Assim foi nossa experiência em mais de uma década construindo o site Jovem Nerd e as outras empresas que compõem o grupo. É difícil projetar o futuro de uma empreitada quando tantos fatores imprevisíveis, e muitas vezes incontroláveis, tomarão a forma de obstáculos para o sucesso.

A internet é um terreno fértil para a experimentação criativa. Capaz de fazer brotar projetos como o Jovem Nerd ou o Pipocando, que outrora estariam à mercê do julgamento de executivos de grandes grupos de comunicação para alcançar seu público. No entanto, como tal liberdade se aplica a todos, a rede também é um cenário imensamente competitivo. Para se destacar em uma multidão, é preciso ser criativo. Encontrar nossa própria voz foi crucial para que o público nos desse o privilégio de ter sua atenção. A rede nos deu a chance de testar e colocar à prova nossa vocação a custo de muito suor e noites mal dormidas.

Essa é a estrada percorrida por estes criadores autodidatas. Artistas, cinegrafistas, editores, analistas de mídias sociais, vendedores, empresários, tudo em um só. Uma profissão combinada, desaverbada, inexplicável para os pais. Sobretudo, uma atividade de desbravamento, acelerada por uma paixão pela independência, pela realização pessoal e, principalmente, pela criatividade.

ALEXANDRE OTTONI E DEIVE PAZOS – JOVEM NERD

PREFÁCIO POR
FELIPE CASTANHARI

Criar um canal no YouTube pode parecer fácil. E não só parece, é fácil. Qualquer pessoa pode criar um e fazer sucesso com ele. Esta é a magia que engaja tantas pessoas: qualquer um pode estar do outro lado da tela! Porém, quando falamos em produzir conteúdo de qualidade, eu acredito que seja um pouco mais complicado. Fazer um canal com conteúdo, pesquisa, edição e periodicidade é um GRANDE desafio para qualquer youtuber. Buscar informações, checar, editar e apresentar de uma forma que sua audiência entenda e goste é um trabalho a que poucos se prestam, ainda mais dentro do YouTube, onde muitas vezes fazer o básico rende mais. Nessas horas temos de dar valor a canais que dão um passo adiante, buscando o complexo, o trabalhoso, em troca de qualidade.

Desde a sua criação, o Pipocando esteve do lado do conteúdo, por mais trabalhoso que fosse, e esse é um dos motivos pelos quais eu gosto tanto desse canal: ele sai da zona de conforto, do fácil, para apresentar um conteúdo que informa, diverte e engaja, tudo isso com muita qualidade, algo que às vezes falta no YouTube.

Estamos sempre buscando credibilidade no mercado, tentando mostrar que o que fazemos é algo sério, entretenimento de qualidade, conteúdo pensado com carinho e muito cuidado. Canais como o Pipocando só ajudam nesse processo de reconhecimento da velha mídia. Precisamos e dependemos disso para ganhar cada vez mais espaço.

Sigo acompanhando meus amigos Rolandinho e Bruno Bock e torcendo por eles. Dois caras com quem já tive o prazer de trabalhar! Eu sei que não é fácil, mas espero que vocês continuem com esse projeto, crescendo e aprendendo a cada dia!

GRANDE ABRAÇO!
FELIPE CASTANHARI

Estes ícones são para você identificar quem está falando (Rolandinho ou Bruno Bock).

INTRODUÇÃO

Fritinho do meu coração, imagine a minha felicidade quando a editora Novo Conceito nos convidou para escrever o livro do Pipocando! Nunca pensei que escreveria um livro (pelo menos não tão cedo na minha vida), mas me empolguei com a ideia de contar um pouco dos bastidores dessa aventura cinematográfica que foi criar a produtora e o canal. O compromisso em me tornar comunicador e minha história de vida podem servir de inspiração para você, que está aí do outro lado. Quem sabe meus erros e acertos possam ajudar as pessoas a crer que é possível ter uma ideia na cabeça, planejar e atingir o resultado esperado, ou até mais do que isso. No final, é você que escolhe se o filme de sua vida será um drama, uma comédia ou uma aventura (eu acho que comprei o ingresso pra última opção!).

É possível acordar feliz todos os dias sabendo que está indo trabalhar. Dá pra ser feliz segunda de manhã, quinta à tarde, sexta à noite, sei lá... dá pra caramba! É possível viver sem chefe, sem dono, sem gente para colocar a culpa dos seus problemas, sem separar o trabalho da vida pessoal, ou mesmo sem ter uma vida pessoal! Quando digo isso pode soar estranho, mas na verdade me refiro a um modo de vida mais coletivo e colaborativo. Hoje moro com uma galera e divido muita coisa com eles. Não deixo de me relacionar com ninguém por causa de barreiras como idade ou cargo, nem procuro me dedicar a tarefas que não sejam inclusivas. Trabalho com gente de 17 a 67 anos, tento tratar todo mundo igual, pois considero todos da mesma maneira. Gosto da frase de um amigo muito querido: "Só é bom pra mim quando é bom pra todos". E é assim que procuro decidir as coisas aqui na Blues, a produtora do Pipocando.

Apesar desse modo mais alternativo de enxergar a vida, o sucesso da empresa não garantiu minha felicidade plena, mas posso afirmar que todo o esforço é válido quando se percebe que é o roteirista da própria vida. Que, mesmo que tivesse todo o dinheiro do mundo, escolheria estar nesse filme, aqui e agora. Isso que é foda!

Além de contar nossas histórias e dar boas dicas para você iniciar o seu canal no YouTube, este livro fala também sobre acreditar nos seus sonhos. Sobre os ganhos e as perdas que envolvem dedicar-se integralmente a um objetivo. Então, espero que ele faça você pensar no que realmente tem valor, no que te faz feliz e no que te motiva a acordar todos os dias. Se você refletir um pouco sobre esses temas, eu já ficarei realizado e arriscarei a dizer que o esforço para escrever este livro valeu a pena.

Ele conta a história maluca de jovens sonhadores que, apesar de viverem em um mundo de conflitos e desafios dignos de cinema, conseguiram fazer diferente e mostrar que tudo é possível.

É APENAS UM VÍDEO? 

Desde que alguém registrou sem querer a primeira fotografia, a humanidade se apaixonou pela ideia de gravar a imagem de um momento, capturar uma lembrança, guardar em cores uma viagem para o passado. Reviver nossas próprias histórias por meio dessa descoberta foi o impulso cativante que instigou os precursores da sétima arte a tentar — por que não? — usar uma sequência dessas imagens para contar novas histórias. E foi assim, de modo inusitado e eufórico, que nasceu o cinema!

"É apenas um vídeo? Nada estava, de fato, acontecendo? Mas foi tão real!", diziam os espectadores das primeiras sessões de cinema, tentando descrever a sensação surreal de experimentar um filme: uma projeção começa e em segundos já não somos os protagonistas. Damos espaço a outras estrelas — condessas, assassinos, apaixonados, loucos, ladrões e sonhadores. Sofremos e nos alegramos com eles, já que as surpresas que os aguardam são as mesmas que nós, sentados a assistir, deixamos que nos surpreendam.

Um filme muda sua noite. Muda seu dia. Muda, muitas vezes, você para sempre. Um diálogo, um quadro bem escolhido que diz tudo, uma cena longa e sem cortes ao fim da projeção. Guardamos conosco momentos que vivemos através das imagens e logo eles já fazem parte de nós.

Os filmes juntam as pessoas. Numa sala, com colegas sentados uns ao lado dos outros, buscando todos apoio para conseguir assistir ao terror até o final. Em uma fileira de um cinema, com espectadores nervosos descobrindo o filme e se emocionando. Em um set de filmagem, com centenas de talentos sonhando em deixar um legado para a arte. Os filmes juntaram Scorsese e DiCaprio, Angelina e Brad Pitt, Emma Watson, Rupert e Radcliffe. Juntaram, sem querer, dois caras que cresceram sonhando com a ideia de gravar e produzir coisas divertidas que pudessem ser vistas por milhões de pessoas. Dois caras que agora escrevem neste livro os caminhos loucos, fantásticos e inexplicáveis que uniram pessoas tão diferentes, porém com uma paixão em comum: a imagem em movimento.

E mesmo com mais de cem anos de filmes que encantaram multidões, com novas e inspiradoras mídias, o fascínio que sentimos ao assistir ainda é o mesmo: os milhares de espectadores do Pipocando que descobrem, aprendem e riem conosco, dividem a pipoca e o espaço no sofá — para você, que todos os dias compartilha com a gente a realização desse sonho maluco, é quase impossível acreditar que "é apenas um vídeo" — porque não é!

NOSSA HISTÓRIA

Há muito, muito tempo, em uma galáxia não tão distante, dois jovens rebeldes tiveram a ideia de criar um canal diferente no vasto império do YouTube. Em meio às trevas propagadas pela Estrela da Mesmice, surgiu o Pipocando, um programa que fala sobre cinema de um jeito totalmente pirado, com muitas referências à cultura pop e assuntos secretos protegidos pelo império. Enquanto a aliança crescia, os dois combatentes batalhavam para salvar o humor e enriquecer o planeta Terra com entretenimento de verdade. Mas o começo não foi fácil. E as próximas páginas descreverão como o lado iluminado da força ajudou essa dupla a conquistar a galáxia...

A intenção desta parte do livro não é ser biográfica. O objetivo aqui é contar como chegamos ao Pipocando e, por consequência, revisitar os momentos de nossas vidas que foram decisivos para a existência desse projeto.

ROLANDINHO

Antes de começar, acho relevante contar a origem do apelido "Rolandinho" — pois é, meu nome também é Bruno. O apelido é o diminutivo de Rolando, como se chamava meu avô e como se chama meu pai (eu juro, é comum na Itália). O meu pai conta que, apesar de gostar do nome, sempre precisou lidar com a galera fazendo piadas e brincando com as dezenas de duplos sentidos que ele permite aqui no Brasil. Por isso, quando nasci, mesmo com o meu avô pedindo para que eu fosse Rolando Neto, meu pai decidiu não transmitir a sua sina para mim. O meu avô morreu logo nos meus primeiros anos de vida e nunca imaginou que eu, por livre e espontânea vontade, usaria o apelido "Rolandinho".

Bem, não herdei o mesmo nome, mas herdei do meu pai o interesse por tecnologia. Ele já trabalhava com informática quando eu era apenas um projeto de nerdinho e gostava de apertar teclas e fingir que atirava ou acelerava um carro com o computador dele, sentado em seu colo. Eu nasci em São Paulo, mas minha infância e adolescência foram em Socorro, uma cidade do interior, sem muitas atrações — aquele esquema: pracinha, igrejinha, duas grandes ruas e todo mundo ganhando perfume da mesma loja no dia do aniversário. Um agravante: minha casa era na zona rural, então ficava a oito quilômetros do centro da cidade. Já naquela época eu era matraca e ao mesmo tempo gago — imaginem só, eu, gago! Não conseguia terminar as frases, era uma cena bem constrangedora. A verdade é que não me deixavam falar durante as conversas. Quando deixavam, eu queria dizer tudo ao mesmo tempo!

Sempre tive facilidade nos estudos. A culpa disso, acredito eu, foi da leitura. Meus pais têm um acervo gigaaaante de livros e eu já lia muito desde pequeno. A leitura fez minha passagem pela escola ser muito mais fácil! Estudei até a 4ª série em um colégio público, era querido pelos professores, ajudava a corrigir provas de Ciências, participei do Grêmio Estudantil e também arranjei muita confusão por lá. Conheci o Guilherme, um dos meus maiores amigos, porque saímos na porrada durante o hino nacional — que eu me lembre, fiquei irritado porque ele cantou errado uma parte.

Apesar de ser o perfeito estereótipo de nerd, nunca fui um cara isolado, falava muito durante as aulas e sempre tive bons amigos. Minha família é de descendência italiana, então meus pais sempre foram, digamos, muito extrovertidos. Devo muito da minha capacidade como comunicador aos vários episódios em família cheios de muita brincadeira e pagação de mico. Destaque para a vez que eu me vesti de freira e parodiei com bastante fidelidade um vídeo de humor da internet na frente de todos os primos e tios. Minha mãe sempre adorou cantar e dançar —

íamos no carro escutando músicas do ABBA e fazendo duetos M-A-R-A-V-I-L-H-O-S-O-S. Ela é muito espontânea, cozinha muito bem e sempre entrava nas minhas brincadeiras. Todos os meus primos e amigos a adoravam, porque ela era a mãe mais divertida de todas! Acho que foi dela que eu herdei muito dessa minha parte mais brincalhona e divertida. Meu pai também foi uma pessoa muito importante na minha formação. Além de ser um cara espirituoso e cheio de histórias para contar, tínhamos muitos gostos em comum e o mesmo hábito de dormir tarde. Perdi a conta de quantas madrugadas eu passei com ele, conversando sobre tudo — da origem do Universo a planos para o futuro. Foi com ele que eu aprendi muito sobre empreendedorismo, sobre como é necessário dedicação total para alcançar os objetivos. Aprendi como não deixar as adversidades me impedirem de correr atrás do que eu queria (família, devo muito a vocês!).

Com apenas 7 anos, eu já tinha um clã de Counter-Strike — todos eram bem mais velhos que eu e até ganhamos campeonatos! Meu pai era dono de uma lan house e eu passava os dias lá dentro. Jogava muitos jogos competitivos como Counter-Strike, Warcraft, DotA e Age of Mythology, além de MMORPGs — games em que você é um personagem que evolui e constrói a sua própria história, ou seja, nunca acabam! Em dias de simulado, saía mais cedo com a turma que jogava e corria para a lan house. Nessa época, minha mãe passou a me proibir de jogar tanto. Lembro de ter ficado possuído! Sem contar o fato de que morava num sítio, e minha escola ficava na cidade. Ia de perua, passava tanto tempo dentro dela que conhecia a vida inteira do Seu Mauro, o perueiro. Aliás, gastar tempo percorrendo distâncias longas é algo que me perseguiu por quase toda a vida.

Segui dessa forma até a formatura da 4ª série, quando ganhei um concurso de redação da Prefeitura de Socorro. Meu prêmio foi uma quantia irrisória em dinheiro, mas foi entregue pelo prefeito durante a cerimônia. Eu achava que tinha ficado rico e importante, tadinho!

Minha irmã Giovanna chegou quando eu tinha 8 anos. Cresci com ela e nossa relação sempre foi incrível. Tínhamos uma ligação muito forte, não havia muitos vizinhos e me afeiçoei muito a ela. Eu mesmo ensinei a pequena a ler e a fazer contas com apenas 4 aninhos! Quando ela cresceu mais um pouco, passamos horas brincando juntos — todas as brincadeiras envolviam algo teatral: eu fingia ser um monstro, ou estar desmaiado, ou ter ficado lelé da cachola, e tínhamos nossas próprias frases de efeito! Como eu amo essa menina!

Depois que me formei na 4ª série, prestei uma prova, ganhei uma bolsa de estudos integral e fui para outro colégio, dessa vez particular — meus pais nunca precisaram pagar estudos para mim. Foi lá que eu conheci os dois professores mais importantes para a minha formação, a Manô (que lecionava Português e Literatura) e o Luiz (que lecionava Inglês e Intermática). Na realidade, as aulas de inglês do Luiz eram quase uma desculpa para ele nos contar todo o tipo de coisa inusitada e promover debates com a turma, e a aula de intermática foi muito especial para mim, porque foi lá que eu fortaleci meu interesse por tecnologia e desenvolvi meus primeiros sites. Mas a minha participação na nova escola também foi bem emblemática. Por ter vindo de um colégio público, era difícil me adaptar. Meu interesse por literatura continuava e eu adotei uma maleta para carregar os livros. Por causa disso, ganhei o apelido de "prefeito". Como havia passado na bolsa de estudos junto de um amigo muito parecido comigo, ficava a maior parte do tempo com ele (Thomas, obrigado pela amizade e parceria! Eu tomaria lanche sozinho no recreio se não fosse você!). Outra pessoa que eu não poderia deixar de citar é o meu primo Raphael. Ele sempre foi um grande amigo porque vivíamos um na casa do outro. Além disso, ele é um cara extremamente brincalhão e engraçado, e foi com ele que eu desenvolvi muito desse meu lado mais divertido. Nós dois, uma vez, criamos uma rádio on-line que chamava "HelpMIX" — uma referência ao nome da minha cidade, Socorro/SP. Lá, eu e ele selecionávamos a playlist mais estranha de músicas: era rap com MPB, rock no meio de música eletrônica, uma bagunça. Além disso, tínhamos um quadro de declarações românticas, em que os ouvintes podiam dedicar uma música e deixar um depoimento. E não é que todos os nossos amigos ouviam? Foi uma farra! Eu tinha uns 11 anos e o site da rádio foi o primeiro que eu desenvolvi do zero.

Houve um acontecimento importante: os trabalhos semestrais da Manô! A cada período, nós, alunos, éramos incumbidos de desenvolver um projeto sobre algum tema literário da aula. Como a Manô era muito querida por todas as turmas, os alunos se mobilizavam para entregar o melhor trabalho possível. Fizemos projetos grandiosos! Lembro-me bem de uma vez que meu grupo simulou uma entrevista no "Programa do Jô" — eu, claro, era o Jô Soares, entrevistando personalidades do Renascimento (tenho o vídeo até hoje). Em outro trabalho, fizemos um teatro inspirado em Guimarães Rosa e, ao final, o palco todo foi preenchido por um grande cartaz com citações das obras, que vinha de uma estrutura de madeira que construímos e que era retrátil. Coisa de louco para gente da nossa idade! Ela sempre se emocionava muito ao ver a energia e o carinho que os alunos empregavam nas apresentações. Creio que foi aí que nasceu minha paixão pela produção.

Minha adolescência, como não podia deixar de ser, foi envolta em nerdices. Eu tinha vários hobbies diferentes: gostava de aprender a fazer mágicas, de treinar com ioiô (já quase ceguei um amigo com isso), de diminuir meu tempo no cubo mágico. Era fissurado em séries, games, livros e, claro, filmes. *Sociedade dos Poetas Mortos* foi um que a professora Manô comentou em aula e se tornou muito importante pra mim. Pode parecer que eu era — e sou — um cara meio "isolado", mas não é verdade, só fui desses que não curtem festas. Eu tentei, juro, mas só me divirto nelas quando acontecem apenas com as pessoas de quem eu gosto (aí eu até danço bastante!). Prefiro fazer uma lan party com outras dez pessoas, todas carregando seus computadores gigantes, jogando ao mesmo tempo em uma sala durante dias sem dormir. E com pizza. Isso, pra mim, é diversão.

Aos 14 anos, meus pais iniciaram um hotel dentro do terreno da nossa casa! Um projeto familiar insano, transformamos várias áreas da nossa chácara e construímos chalés no nosso quintal. Foi quando eu comecei a trabalhar — ajudei meu pai durante toda a construção, com parte elétrica, marcenaria... até boxe de banheiro a gente instalou. A partir daí, trabalhei até sair de casa, em todas as férias, fins de semana e feriados. Afinal, são nessas datas que os hotéis lotam, não é? E como o hotel estava no começo e meu pai estava empreendendo, não tinha salário. Eu era um faz-tudo — o hotel contava com poucos funcionários e eu acumulava muitas funções, de recepcionista a recreador infantil e adulto. Minhas habilidades de comunicação me ajudavam muito — eu era bom para lidar com as pessoas, mesmo sendo tão novinho. Meu primo Anderson (que eu chamo de Juninho e aparece em vários vídeos antigos meus) me ajudava bastante nessa época, junto com um vizinho que é um grande amigo meu, o William. Então, mesmo trabalhando, nós três nos divertimos muito. E aproveitávamos as madrugadas gravando vídeos ou jogando no computador! Foi com esses caras e com o meu outro primo, Raphael, que eu quase montei um projeto chamado "Interferência". Ia ser um programa mesmo, com uns 20 minutos, sobre todo tipo de assunto que influencia os adolescentes e estudantes: temas da cultura pop, filosofia, relacionamento entre colegas, música, tudo isso feito de forma divertida, com entrevistas, esquetes e brincadeiras. Eu até comprei uma câmera (que era pior do que péssima!) e montei todo o site, a arte e a comunicação. Tenho todo o material guardado. Acabamos não conseguindo realizar por diversos fatores: eles moravam longe de mim e a escola e o trabalho estavam demandando bastante tempo de todos. Até hoje penso que eles são caras muito talentosos e que poderiam estar fazendo o que eu faço, comigo. Mas a vida segue caminhos inesperados.

Meu pai conseguiu separar uma grana para completar um valor que eu tinha juntado e ele me ajudou a comprar meu primeiro videogame — um Nintendo Wii. Eu já estava namorando o console há algum tempo porque, adivinhem, a Manô falava dele durante as aulas (eu estou dizendo, essa é a melhor professora do mundo!). Não existiam muitos lugares para assistir a dicas de jogos, o YouTube ainda era uma plataforma simples em que as pessoas apenas armazenavam vídeos como se fosse um depósito. Eu comecei a gravar vídeos sobre games e a subir por lá. Porém, não era possível organizar nada, nem o sistema atual de canais existia. Então tive a brilhante ideia de criar um blog, o WiiFever. Lá eu organizava os vídeos por tema, tópicos, além de conversar com outras pessoas. Era um "canal" antes mesmo de a palavra existir no YouTube. É doido pensar que, antes mesmo de o primeiro vlogger brasileiro aparecer, eu já fazia vídeos frequentemente. Só agora me dou conta de que fui um dos primeiros youtubers do Brasil! Em 2009, o blog bombou. Eu, que produzia os vídeos com vizinho e primo, precisei recrutar pessoas do Brasil inteiro para manter o blog atualizado. Algumas dessas pessoas são famosas até hoje.

O mais legal é que, na minha adolescência, tudo o que eu desejava comprar conseguia com o dinheiro que vinha de parcerias entre meu blog e lojas da internet. Fiz uma viagem para o Paraguai e trouxe uma câmera DSLR como presente de aniversário, bastante avançada para a época. Comecei a fazer curtas. Um deles foi especial: na minha cidade havia um festival de cinema chamado FATU, no qual as escolas competiam com vídeos feitos amadoramente. O festival rolava em um dos cinemas mais antigos do Brasil, que fica justamente em Socorro. Fui escolhido, junto com um grupo de pessoas, para produzir um vídeo que concorresse ao prêmio. A verdade é que eu fiquei com quase todo o trabalho, e não me incomodei nem um pouco. Fizemos um documentário chamado "Um Rio de Muitas Faces", pois em Socorro tem um rio que atravessa toda a cidade, e é curioso porque a nascente dele dá para dois rios, fato que só acontece em outros dois lugares do planeta. Eu escrevi, dirigi, narrei e editei o vídeo. Vencemos o FATU quando eu tinha 16 anos. Enquanto as pessoas do meu grupo foram premiadas com videogame, livros autografados e dinheiro, eu fiquei com o prêmio maior, uma viagem para conhecer o Projac, no Rio de Janeiro. Que, não sei por qual motivo, nunca aconteceu.

Enquanto isso, o WiiFever começava a crescer, crescer, crescer... então eu fechei uma parceria com um cara que consertava videogames em Campinas. Divulgava a loja, levava clientes até ele, e ele dividia o lucro dos consertos comigo. Fiz parcerias com outros estabelecimentos e comecei a ganhar dinheiro. Mudei o nome do blog para GamesFever, passamos a postar vídeos sobre outros tipos de videogames e o número de colaboradores aumentou de forma considerável. Virou um "canal" gigante para a época. Foi quando eu conheci o João, que mais tarde se tornaria o primeiro funcionário do Pipocando e continua sendo muito importante até hoje.

Quando o YouTube iniciou o sistema de inscrições, começaram a surgir canais de gameplay, mas eu ficava limitado ao meu mundinho, que era o meu blog. Um dia, navegando pelo YouTube, esbarrei em um vídeo de outro gamer, que gravava a tela do jogo apenas com a voz dele ao fundo. Achei aquilo muito estranho, porque eu estava acostumado a produzir vídeos mais elaborados, fazendo análise de jogos, avaliando equipamentos e produzindo esquetes. Nesse sentido, é importante frisar que na época o YouTube não monetizava os vídeos, ou seja, não rendia dinheiro, uma vez que os usuários que postavam sobre jogos não tinham direito ao conteúdo, já que este pertencia às empresas desenvolvedoras. Então surgiu a primeira "network" que permitia que você ganhasse dinheiro com vídeos sobre games, dependendo do número de visualizações. Outro detalhe importante sobre meus projetos na internet: minha conexão no sítio era de 100 KBps. Isso é 1/10 de 1Mb, que já é muito pouco. Ou seja, eu subi centenas de vídeos para o YouTube e criei todos esses sites com uma conexão horrorosa! Demorava mais de 20 horas para um vídeo terminar de carregar — isso quando não travava no meio e eu perdia tudo!

Um belo dia, por causa de uma briga entre participantes do blog, um dos colaboradores apagou TODOS os vídeos do canal, além das comunidades e redes sociais. Ou seja, perdi tudo o que havia sido construído durante anos! Acho que foi uma das piores fases da minha vida. Isso aconteceu às vésperas da minha formatura, que seria comemorada em um cruzeiro. De tão arrasado que fiquei, quis desistir da viagem, mas fui convencido pelo pessoal do colégio a participar. Então, só quando voltei pude tomar uma decisão em relação ao que aconteceu. Criei meu próprio canal no YouTube, o RolandinhoBR, para me recuperar desse trauma. Postava gameplays, vídeos comentados e análises de equipamentos. O canal também começou a crescer e foi quando eu conheci mais um monte de gente incrível, inclusive o MarquesZero, com quem posteriormente viria a morar em São Paulo.

Quando estava no terceiro ano, prestei vestibular para quatro instituições públicas e passei em todas. Somente em uma delas me candidatei a Administração. Nas outras três, optei por Ciências Biológicas. Eu andava meio confuso naquela época. Apesar de adorar tecnologia, lia muitas coisas sobre genética, evolução das espécies, e tinha devorado uns livros do Richard Dawkins, um famoso biólogo inglês. Quase fui para a USP, mas decidi cursar Ciências Biológicas na Universidade Federal de São Carlos, a UFSCar. Eu me mudei e passei a morar sozinho num apartamento pequeno. Continuava com os vídeos, mas era complicado porque, além de a faculdade ser integral e superdifícil, os apartamentos eram muito próximos e nem de dia eu podia fazer barulho.

Foi quando eu e o Bruno Bock nos conhecemos. Ou melhor, o Bruno me conheceu primeiro. Assistiu a um vídeo meu, achou legal e me chamou para participar do Connect, um projeto feito para uma grande empresa de telecomunicação, pois ele procurava influenciadores do Brasil que entendessem e falassem bem sobre filmes, séries, games etc. Comigo, entraram o Robert, o Peter e a Nanda — pessoas incríveis que são minhas amigas até hoje. Falaríamos sobre cultura pop em geral. Era tudo muito novo e inacreditável, pois nunca tinha visto a produção de um programa de televisão. Eu fazia curtas-metragens, que basicamente eram produções caseiras com a ajuda de vizinhos. No Connect tínhamos equipe, figurino etc. Um mundo diferente, até então.

Uma pausa, aqui: antes do Connect, eu já havia *tentado fazer* um programa de televisão. Em meio às aventuras do blog GamesFever, havia um projeto chamado GamerTag. Eu me juntei a gamers bem mais velhos do que eu, alguns famosos, e a gente gravou um piloto com duração de uma hora. Queríamos vendê-lo para a MTV. Na época, eu tinha uns 13 ou 14 anos. A cada quinze dias, eu saía do interior e pegava um ônibus até a rodoviária do Tietê em São Paulo, um trajeto que levava pelo menos duas horas e meia. Nosso estúdio havia sido pintado por nós mesmos e tinha uma bancada no meio. Falávamos sobre videogames, avaliávamos jogos, nada parecido com outros programas da época, mais similar aos moldes do que o pessoal faz hoje em dia na TV. Só que, por causa de outra briga entre os integrantes, o plano não vingou. Gravamos quatro episódios e o projeto acabou antes mesmo de começar. Ainda assim, foram várias viagens e muitas experiências acumuladas (naquela idade, imaginem!).

Mas o Connect foi marcante na minha carreira. O grupo que formávamos era muito especial: jovens com várias ideias na cabeça e uma vontade louca de realizar grandes coisas. Cada uma dessas pessoas compartilhou experiências que foram determinantes para minha vida. Nossa amizade continua e sei que posso contar com os três para sempre — essa foi uma das épocas mais importantes para nós e os quatro sabem disso. Eu ia duas vezes por mês para gravar. Ainda estudava na UFSCar, pegava um ônibus de São Carlos para São Paulo, uma viagem que durava cerca de 6 horas. Entendeu quando eu disse, lá no início, que gastei muito tempo da minha vida em viagens longas? Ir do interior para São Paulo era quase sempre uma missão! Enquanto isso, fazia bons amigos na faculdade e havia me encontrado no curso que escolhi. Morava sozinho, estudava muito durante e depois das aulas, enquanto decorava os temas, elaborava roteiros e séries para o Connect ao longo da semana. A produtora do Bruno, bem diferente de uma universidade (especialmente do tamanho da UFSCar), era minúscula. Ficava em uma casa pequena próxima ao bairro Santo Amaro. Logo percebi que eu tinha muito para compartilhar sobre YouTube com o Bock e o Sama, o sócio dele, porque eu já manjava disso fazia tempo. Comecei a ensinar o que eu sabia. Batia firme na tecla que tinham de fazer de um jeito, não de outro. Fui ganhando meu espaço. Eu ainda era novinho, gordinho, e eles me levavam aos clientes para participar de reuniões estratégicas. Mexia em roteiros, dava sugestões, era supercriativo. O Bruno percebeu e fez uma oferta para eu trabalhar na produtora. "Sai da faculdade e vem ficar aqui conosco!", disse ele. Foi um impacto.

Por coincidência, nesse mesmo período, a faculdade entrou em greve. Sentei, pensei muito e conversei com meus pais. Eles disseram que queriam que eu continuasse no curso, mas que entenderiam qualquer decisão que eu tomasse. Peguei meu computador gigantesco, algumas tralhas nerds e me mudei para um quarto nos fundos da produtora, em São Paulo. Passei a dormir em um sofá-cama. Eu trabalhei com tudo: fui roteirista, diretor, motorista, assistente de áudio, assistente de câmera, gerente de projeto, acumulei todas as funções do audiovisual. Mesmo muito novo e sem uma formação acadêmica na área, eu me orgulho muito de ter feito parte — e faço até hoje — da estratégia e criação das propostas e apresentações mais importantes da Blues. E tudo isso fazendo o Connect, ainda. Tanto que a segunda temporada apresentei com o Felipe Castanhari.

Nessa fase, iniciamos alguns projetos em paralelo ao Connect, que a gente gravava de madrugada. O Chacota, por exemplo, era um canal de humor. Fiz um vídeo bem engraçado imitando a Marília Gabriela entrevistando o Silas Malafaia. O vídeo bombou. Também comecei um projeto com dois amigos que conheci pela internet. Um deles é o MarquesZero, que já citei antes, um cara revolucionário que inaugurou um jeito novo de fazer vídeos de games aqui no Brasil e inspirou um monte de gente. Ele veio de Mauá para morar comigo em São Paulo. Depois de um ano morando na Blues, eu e ele alugamos uma casa e deixei de dormir no sofá-cama da produtora. A gente se dava bem porque tínhamos histórias parecidas e gostos em comum, colocávamos nossos computadores na sala, jogávamos à noite, fazíamos vídeos juntos. Aí, eu e ele, junto com a Blues e o Fodones — outra figura da internet que hoje trabalha no Pipocando —, criamos o Scubtrovers, um canal ousado sobre games, num formato totalmente novo. Nós, vestindo blazers escuros iguais aos dos caras do CQC, falávamos sobre videogames com uma linguagem mais especialista e bastante sarcástica. Com a ajuda da produtora, conseguimos uma parceria com uma produtora de games. Graças ao Scubtrovers, viajei até Los Angeles para cobrir a E3, o maior evento de games no mundo — esse era meu sonho desde que criei meu primeiro projeto na internet. Foi uma experiência única, pois, naquele ano, novos videogames estavam sendo lançados: Playstation 4, Xbox ONE, WiiU. Uma feira histórica! Chegamos a alugar um Mustang conversível para andar na cidade... Só que, depois, cada um começou a tocar seus projetos e o Scubtrovers acabou.

Quanto a eu namorar uma fã, essa é uma história bem curiosa. A Erica assistia a meus vídeos e morava em Porto Alegre. A gente começou a trocar umas ideias. Ela me adicionou no Facebook, achei ela muito bonita e lá fui eu conhecê-la melhor. Passamos a trocar muitas mensagens e, consequentemente, a gostar muito um do outro. Melhor, nos apaixonamos! Isso durou mais ou menos uns três meses. Foi então que iniciei uma verdadeira batalha para convencer os pais dela a deixá-la vir para São Paulo. Na época, eu tinha 19 anos e ela, 18. Apresentei-me a distância, conversei por voz, disponibilizei todos os meus contatos (todos mesmo!), expliquei a nossa situação, que estávamos nos gostando muito... foi bem difícil, mas, por fim, conseguimos. Mesmo a contragosto do pai dela, ela veio para São Paulo. Passou uma semana comigo e logo depois começamos a namorar a distância. Depois de mais de um ano de namoro, ela decidiu se mudar para São Paulo. Hoje ela cursa Matemática na USP e moramos juntos. Acho que nós temos amizade e afinidade muito grandes justamente por pertencermos ao mesmo universo

— ela gosta de muitas coisas de que eu gosto, assistiu ao meu crescimento como comunicador e é muito compreensiva com todas as coisas complicadas que envolvem a minha profissão, das fãs às noites viradas. Ela é muito parceira e minha vida hoje em dia seria duplamente caótica sem a ajuda dessa guria.

Depois de dois anos, o Connect acabou. Como a produtora ficou sem clientes por um tempo, o Bruno só podia me pagar um salário que era menor que o valor do meu aluguel. Minha família, em Socorro, não tinha condições de me ajudar por conta do empreendimento no hotel. Então peguei um empréstimo no banco para me manter em São Paulo. Eu decidi continuar na produtora, porque achei que nossos projetos ainda podiam decolar. Foi quando eu e Bruno tivemos a ideia de fazer um sobre cultura pop. Nós sentíamos uma carência muito grande de programas desse tipo. Num primeiro momento, o Bruno sugeriu o nome de Pipocalhando. Eu tomei coragem para dar aquele toque no amiguinho e dizer que esse nome era uma vergonha, e mudamos para Pipocando. Fizemos um piloto, junto com outros pilotos de programas diversos — até um sobre jogos de tabuleiro. Tentamos vender para a TV, só que a resposta que tivemos era que eles apenas se interessavam por projetos que fossem conhecidos. Então, decidimos novamente apostar na internet. Começamos a gravar, a postar os vídeos, e o Pipocando começou a fazer sucesso logo no início. Sentávamos em um sofá vermelho (hoje ele é branco), montamos um cenário com panos e quadros aleatórios, não contávamos com nenhuma equipe.

O primeiro ano de projeto foi muito difícil para mim. Além de precisar trabalhar com publicidade para ganhar o dinheiro necessário para me manter em São Paulo e realizar o Pipocando praticamente sozinho com o Bock e mais duas pessoas, eu ainda ingressei no curso de Letras da USP — um sonho antigo que eu tinha de estudar literatura. Só para você entender minha situação: eu acordava às 5h30, ia para a USP de metrô com a minha namorada, assistia às aulas até às 12h00, voltava para casa (que é longe da USP), almoçava, entrava na produtora às 14h00, trabalhava com publicidade até às 20h00 e só depois começava a gravar e a pensar no Pipocando. Chegava em casa por volta da 01h00, tomava banho, deitava na cama, lutava contra a insônia e recomeçava tudo no outro dia. Durante todo esse ano, eu não dormi quase nada e era normal me ver desmaiando pelos cantos da faculdade. Mesmo assim, adorava meu curso e ia muito bem nas matérias. O que aumentava minha frustração, pois eu não tinha condições de ler os textos complementares e acabava dormindo na classe. Foi aí que, no começo deste ano (2016), tomei a decisão difícil de trancar novamente um curso que eu adorava para apostar tudo no Pipocando. Já deu pra ver que minha história com as faculdades é complicada — sempre me apaixono pelos cursos e preciso abandoná-los. E, uma lição que eu aprendi cedo é que a coragem para escolher entre coisas que você ama é fundamental para conseguir grandes realizações.

Agora o Pipocando se transformou em uma empresa de verdade, um projeto que nos enche de orgulho. Acho que essa minha aposta no canal foi a grande virada na minha carreira. Hoje, com 22 anos, vejo que, desde muito novo, trabalhei demais para conquistar o que eu queria. Fico feliz de olhar para trás e ver quantas coisas legais consegui realizar em tão pouco tempo. Sinto-me privilegiado por ter conseguido seguir, até agora, exatamente o caminho que eu sonhava para mim lá no começo:

viver de minhas criações e vídeos. Por enquanto, sei que faço o melhor no meu trabalho. E o meu melhor, hoje, é o Pipocando.

Ah, e para registro, já que eu nunca deletei um vídeo pessoal do YouTube, listarei abaixo todos os meus canais antigos:

youtube.com/**Rolandinho3** — *um canal com mágicas minhas, vídeos que fiz com amigos e trabalhos de escola.*

youtube.com/**WiiFeverBR** — *canal com dicas e avaliações de jogos do Nintendo Wii.*

youtube.com/**GamesFeverBR** — *canal antigo de games com análises e gameplays.*

youtube.com/**Blabloseando** — *canal de vlogs antigo.*

youtube.com/**md3br** — *canal de um projeto de E-SPORTS que comecei com um amigo.*

youtube.com/**Scubtrovers** — *canal de conteúdo sobre games, apresentado por mim, o MarquesZero e o Fodones.*

youtube.com/**RolandinhoBR** — *canal pessoal sobre games, tecnologia e opinião.*

BRUNO BOCK

Vim do cruzamento de uma fita VHS com um Atari. Como nasci em 1984, sou de uma geração que acompanhou o crescimento dos videogames e computadores. Fui viciado em RPG e zerei todos os livros do Pense Bem. Morava num bairro tranquilo de São Paulo, sendo o terceiro filho homem de uma família tradicionalmente alemã. Minha mãe diz que sofreu muito com meus dois irmãos, então a gente tinha um pacto: eu não causava muitos problemas a ela, e ela deixava eu jogar videogame praticamente o dia todo. Mas o acordo também incluía me colocar para fazer aulas de piano com 5 anos de idade, música para crianças não alfabetizadas. Até hoje usufruo dessa habilidade musical adquirida quase que como linguagem.

Isso não evitou que eu fosse o aprendiz da zoeira em casa. Se sozinho eu tocava piano, quando estava junto dos meus irmãos tocava é o terror. Os dois são mais velhos e com idades próximas entre eles, então faziam todo tipo de bullying comigo. A companhia dos meus irmãos fez com que eu fosse precoce, aprendi o que devia e o que não devia. Tanto que fui à minha primeira balada com 10 anos de idade, porque eles eram promotores de festas. Até hoje as pessoas sempre olham para minha cara e acham que sou mais novo. Então, quando eu tinha uns 13 anos, me davam 8, e por causa do convívio com meus irmãos, eu dizia coisas que um cara de 16 talvez não diria. Era meio bizarro. Tem até um vídeo postado na internet em que eu participo do programa *Turma da Cultura*, da TV Cultura, um lugar aonde eu ia sempre, porque gostavam da minha espontaneidade e eu adorava aparecer na TV. Nesse vídeo, dou dicas sobre relacionamentos amorosos, bem toscamente. É assustador, pareço um Gremlin. Tenho vergonha do vídeo até hoje. Mas cheguei a duas conclusões sobre essa parte da minha vida: eu era bem adestrado pelos meus irmãos, pois repetia tudo o que ouvia deles em casa; e sempre amei ambientes de televisão.

Sendo de uma família tradicional, nós conversávamos muito. Uma coisa bem marcante que aconteceu na minha infância foi que meu pai, que é engenheiro, possuía uma pequena empresa e faliu. Eu nem entendia direito o que significava isso, só sabia que tinha dado merda. Meus pais tiveram de vender tudo o que possuíam: casa, carros, bens etc. Paramos de viajar, e eu precisei sair do colégio em que eu estudava e ir para outro. Minha mãe ficou doente e adquiriu depressão. Toda a família sofreu psicologicamente, porque, enquanto os nossos amigos mantinham seus padrões de vida, a gente estava literalmente quebrado. Acho que isso me motivou, mais adiante, a querer ser alguém na vida, ganhar meu próprio dinheiro e ajudar meus pais, como se esse episódio fosse um motor para eu querer correr atrás do que é meu.

Meu pai teve uma criação bem rígida. Minha vó paterna era judia e passou parte da vida em Auschwitz, em campos de concentração. Sendo assim, ele é um cara bem, digamos, "econômico". Não é daqueles pais que dão mesada, regalias ou permitem luxos. Meu pai é daqueles que incentivam a trabalhar e se colocam à disposição pra qualquer coisa. Mas grana, amigo, nunca vi de verdade lá em casa. Eu tinha mesmo é que me virar! Quando a coisa apertou, minha avó materna nos ajudou com a aposentadoria dela. Ela era uma grande entusiasta de tudo o que eu inventava. Aos 13 anos, produziu um book de modelo para mim e acabei fazendo alguns comerciais. Quando criança, eu adorava colocar as roupas do meu pai e da minha mãe para criar personagens e imitar o que via na televisão. Então, enquanto meu pai sonhava em me tornar engenheiro como ele, era minha avó quem me dava apoio às Artes.

Na década de 1990, as câmeras começavam a se popularizar, mas ainda timidamente. Perto da minha casa tinha uma loja que vendia equipamentos usados. Eu babava nas câmeras, mas era óbvio que não tinha grana para comprar. Pelo menos na escola em que estudava existia uma ilha de edição linear. Logo fiquei conhecido como o cara dos vídeos, porque eu gostava de ler os manuais das câmeras e todos os trabalhos que fazia eu filmava e editava com dois videocassetes. A classe inteira parava para assistir aos meus vídeos. Paulo Albano, um professor muito legal, depois de ver um trabalho meu, perguntou o que eu pretendia fazer quando crescesse. É o tipo de pergunta que todo mundo escuta pelo menos uma vez na vida. Eu respondi que queria ser médico. Ele indagou: "Tem certeza?". Eu fiz que sim. "Não, você não vai ser médico, vai trabalhar com vídeos. Ouça o que estou falando. Você nasceu pra fazer isso", concluiu ele.

A primeira vez que eu havia visto uma filmadora caseira foi aos 6 anos de idade. Meu irmão havia pego uma câmera emprestada de uma das minhas tias (obrigado, tia Claudia e tia Gessi), daquelas antigas, que você ligava e ficava com um videocassete pendurado embaixo do braço. Ele fez um vídeo simples, em que eu aparecia e desaparecia, pausando a gravação com a câmera parada em algum local. Eu fiquei fascinado, como se aquilo fosse mágica. Daí pra frente, eu só queria saber de brincar com câmeras. Cada vez que visitava a casa da minha tia, em Itapecerica da Serra, enquanto meu primo sonhava em ser aviador e colecionava aviõezinhos de brinquedo, eu só tinha atenção para a câmera. "Roubava" ela e treinava.

Anos mais tarde, saí da escola em que estava e voltei para o antigo colégio. Então, na 8ª série, revi meus antigos amigos, os professores... e descobri que teria aulas de vídeo. O colégio havia se aprimorado com uma ilha de edição linear analógica, de Super-VHS. Era algo bem caro para a época. O nome do técnico do colégio era Valdir. Já na primeira aula, demonstrei que tinha certa intimidade com vídeo. Éramos obrigados a ter, também, aulas de primeiros socorros, Direito, Publicidade, tudo para escolhermos o que queríamos ser no futuro. Lembro que cheguei para a coordenadora e falei que só assistiria às aulas de vídeo, que se danasse o resto. Ela respondeu que eu não podia fazer isso, que precisava assistir a cada uma das aulas. Mas eu não estava nem aí; tornei a sala com a ilha de edição a minha segunda casa.

Porém, a cada semestre, entrava um professor diferente para dar aula de vídeo. Conheci vários. Um deles, o Manoel

Canada, além de professor de artes, era professor de filosofia e entendia muito de cinema. Ele me ensinou bastante. Lembro que, quando entrei na faculdade, percebi que esse professor já tinha passado pra gente todos os principais filmes da história do cinema. Eu me recordo também que a molecada se reunia para ver os vídeos que eu produzia. Por muitas vezes, tirávamos uma televisão de outro local da escola, levávamos escondido para a sala, plugávamos o videocassete e eu passava os filmes. Muitos colegas riam do que eu filmava, era quase um canal de YouTube para a época. Recriávamos guerras, filmávamos explosões, cenas com bombas... inventei, quando adolescente, um jeito de simular uma pessoa levando um tiro. Usávamos camisinha, tinta e uma bombinha que furava a camiseta durante a explosão e jorrava sangue pra todo lado.

Eu sempre fui um garoto bem inclusivo, nunca curti muito panelinhas. Gostava de juntar a galera. Eu aproveitava isso pra criar meus curtas-metragens. Muitos eram gravados nas festas na casa dos meus pais ou em algum sítio, por exemplo. Assim eu garantia a participação do elenco. No meio dessa turma, havia um dos meus melhores amigos, um cara de descendência japonesa, com bastante fixação por equipamentos eletrônicos. Ele tinha uma câmera pessoal. Era uma câmera cara, modelo VHS com visor LCD. O Japa viu que eu era tão fissurado por câmeras que acabou me dando a dele. Eu perguntei por que ele estava fazendo isso, então ele disse: "Você vai usá-la mais do que eu". Ele estava me dando a coisa mais legal do mundo, o maior objeto de desejo que havia na minha vida naquele momento. Um presente que minha família nunca poderia me dar! Nem preciso dizer que sou absurdamente grato a esse cara, não é? Tanto que ele atualmente é contador da Blues e conselheiro de confiança.

Acompanhei a evolução do vídeo caseiro, quando passou do analógico para o digital. Aos 17 anos, com um computador que tinha em casa, comecei a editar vídeos. Cobrava R$ 50 para editar trabalho de faculdade dos outros. Anunciava no jornal *Primeira Mão*: "Trabalhos com vídeo: gravo e edito". Quando me formei no segundo grau, tinha uma expectativa muito grande em relação à faculdade. Foi então que meu pai me levou a um tio que fazia testes vocacionais, porque ele não queria que eu trabalhasse com vídeos, nem ferrando. Meu pai queria que eu fizesse ao menos Publicidade, que é mais abrangente. Depois de muito tempo negociando com ele, decidi que cursaria Rádio e TV. Então eu entrei numa das primeiras turmas de uma faculdade particular de São Paulo. Só que o que eu menos fazia era aprender. Foi um período muito louco, onde só via coisas erradas. A maior parte da galera que vinha estudar na faculdade era de outras cidades e não tava nem aí pra nada, só pensava em diversão. Uma molecada solta, a maioria com muito dinheiro. Enquanto isso, a faculdade não conseguia fornecer equipamentos decentes. A maior parte das aulas era superficial, os professores sempre chegavam atrasados ou às vezes nem apareciam. Meu campus mudou para outro, no Bresser, a 30 km de casa. Ficou muito complicado ir e vir. Eu já tinha conseguido meu primeiro emprego para ajudar a bancar a faculdade, e o tempo foi minguando. Mas meu pai não me deixava desistir. Eu tinha que terminar e pronto.

Foi pesado. Hoje acredito que o grande mérito de uma faculdade de comunicação é aguentar a rotina, e a disciplina é o maior aprendizado, com certeza. Eu ficava tão cansado que às vezes dormia no Escort Hobby ano 1994 que possuía. No 3º ano do curso, desanimado, ia praticamente uma vez por semana para lá. Quando as notas chegaram, meu pai viu que eu tinha me saído muito bem. Ele olhou aquilo e disse: "Não é possível!". Imagine você, um engenheiro, sempre acostumado a seguir padrões, achava que tinha algo errado na faculdade, porque eu já quase não ia mais. Então, como poderia ter passado com 100% de presença? E tinha mesmo.

Aquilo tudo me afetou, fiquei meio revoltado. Como sempre fui muito audacioso, marquei uma reunião com o coordenador do curso de Rádio e TV, soltei o verbo, disse que eu esperava muito mais da faculdade, que os professores chegavam tarde, às vezes só tinha 1h30 de aula por dia, e que existia uma professora cuja cara eu nunca havia visto porque ela nunca deu aula na faculdade. Ele não sabia o que responder, acho que não estava entendendo nada. Então, na hora de me formar, como em todas as faculdades, eu precisava produzir meu TCC. Queria me vingar da instituição, fazer um vídeo mostrando que a galera não tava nem aí, que tinha equipamentos que ninguém usava etc. Até que um bom professor veio conversar comigo e disse: "Bruno, acho melhor você parar com isso, você vai ser jubilado (essa foi a palavra que ele usou) da faculdade, então entra no projeto de outro aluno, coloca seu nome, dá seu jeito e não arruma encrenca senão você não vai se formar!". Depois disso, pus a mão na consciência. Entrei para o grupo do Felipe Reis (obrigado, Felipe!), editei o trabalho dele, a faculdade se livrou de mim e eu dela. Ao menos esse período me ensinou que, dali em diante, eu não poderia contar com instituições de ensino. Para ser bom eu iria precisar estudar sozinho e treinar por mim mesmo. Hoje eu sei que ninguém muda o mundo na porrada. Não adianta apenas colocar uma camiseta de protesto para ir à faculdade, que vai continuar tudo na mesma. Aprendi rápido: aqui não é Harvard, irmão, é Brasil. Se quer ser bom igual aos gringos, terá de estudar com eles. A solução foi o Google (obrigado, Philip Bloom e Andrew Kramer, meus maiores professores da internet!). Quem me ajudou a conseguir o primeiro emprego foi meu irmão publicitário, seis anos mais velho, com um "apoio" psicológico do meu pai.

Voltando àquela pergunta sobre o que eu seria quando crescesse, quando meu pai me perguntava, eu respondia inocentemente: "Alguém como o Steven Spielberg, ué!". Ele retrucava: "Quantos Stevens Spielbergs existem no mundo? Qual é a sua chance de ser como ele? Agora olha quantos grandes médicos ou grandes engenheiros existem!".

Nesse clima de mistura de baixa autoestima com "quero pular do prédio", fui estagiar numa produtora bastante famosa, com várias ilhas de edição digitais, softwares avançados, enquanto eu tinha um computador em casa que dava pau toda hora. Na minha entrevista de admissão, mostrei meus vídeos caseiros de explosões e eles me contrataram imediatamente. Nesse mesmo dia, cheguei à produtora às 14h00 e saí às 05h00 da madrugada. Essa produtora atendia as principais agências de publicidade do Brasil, e por isso aprendi muito. Os projetos eram bem importantes e caros. Um trabalho de nacionalizar um comercial estrangeiro de 30 segundos, trocando-se a embalagem de um produto, locução e letreiros, custava uma pequena fortuna. Em um mês, passei de estagiário a editor, e em um ano, estava saturado de trabalho. Já tinha até assistente. Ficava vinte horas seguidas editando sem parar, mais doze horas ao lado do cliente, ou sem dormir durante dois dias. Isso tudo somado à responsabilidade que havia adquirido.

Em determinado momento, surtei e disse que ia embora da produtora. Fui trabalhar com meu amigo, o Montanha, em um canal de turismo para TV fechada. Diferentemente da produtora, eram dez editores, uma equipe grande. Cinco assistentes e cinco editores. Eu era o editor mais novo e o meu assistente, o Neo da Matrix. Em seis meses o canal faliu, e eu, o Neo e o Montanha ficamos desempregados.

Tive dúvida se havia tomado o caminho correto. Será que eu devia ter escolhido outra carreira? A única coisa que eu tinha visto até o momento eram pessoas que trabalhavam demais e ganhavam pouco. Imaginem a pressão dos meus pais ao me verem em casa... foi quando eu me lembrei do professor da 7ª série, o Paulo Albano, o mesmo que disse que eu deveria trabalhar com vídeos, e telefonei para ele. Ele se recordava de mim e pediu para ir na produtora que administrava em um bairro próximo. Era uma casinha modesta, e ele me convidou a trabalhar lá. Aceitei. Como eu era bastante responsável, passei a assumir os projetos sozinho, a maioria relacionado a pesquisas de mercado. Durante minhas experiências anteriores, eu tinha feito bons contatos, ficado amigo de figuras importantes. Além disso, falava outras línguas, conversava educadamente, me comportava bem com os clientes. Acostumado a passar noites em claro, me esforcei bastante e a produtora bombou. Virei quase um sócio do professor. Tínhamos acabado de comprar nossa segunda estação não linear quando ele conseguiu um contrato com a DirecTV para produzir vídeos de treinamento interno da empresa. Era a maior conta da produtora até então. Chamei um amigo para ajudar e montei uma ilha do jeito como imaginava que devia ser. Só que meu ritmo estava muito acelerado. Eu queria mais, não abria mão dos projetos secundários. Queria ganhar o máximo que conseguisse, meu objetivo era ficar com a maior parte do bolo. Admito que fui ganancioso e ingênuo sem enxergar o outro lado da empresa, da responsabilidade fiscal, do aluguel, dos contratos. E o professor tava numa outra vibe, mais tranquila e zen. Foi quando eu decidi que iria sair e abrir a minha produtora. O Paulo ficou com o contrato da DirecTV, e eu com os meus clientes. A separação foi um processo bem natural, já que continuamos amigos até hoje e devo muito a ele.

Comprei um computador e pedi 5 mil ao meu pai. O alemão me emprestou, contanto que eu devolvesse em 10 parcelas de 500 reais. Fechado! Aluguei uma salinha comercial perto de casa para colocar uma ilha de edição e mandei imprimir cartões de visita. Comecei a ligar para os clientes e avisar que estava com uma nova produtora. Mas isso trouxe um problema: eu virava as noites trabalhando e, durante o dia, não tinha ninguém para atender o telefone. Precisava de apoio. Naquela fase, eu namorava havia dois anos com uma menina muito legal. A Renata Celete era estagiária da JWT. Trabalhava com um dos meus irmãos e, aparentemente, tinha uma grande carreira pela frente dentro da empresa. Então eu fiz uma oferta para ela vir para a produtora. Ela decidiu aceitar. A mãe dela ficou bem brava! Ficamos entre dois nomes para a produtora: Goa (que é um lugar na Índia, meio hippie) e Blues (já que eu sempre toquei gaita e violão). Optamos pelo segundo. Eu convidei também um amigo que tinha uma câmera, o Gugão, e os trabalhos começaram a vingar. A Renata assumiu toda a parte administrativa da empresa, o Gugão fazia as gravações e eu dirigia e editava. Eu nem sabia direito o que era uma nota fiscal, imaginem. Só fomos ter nosso primeiro grande imprevisto quando fizemos uma vinheta para um programa de hipismo da TV. O cliente não curtiu a trilha e não queria pagar nada. Somente quando dissemos que não entregaríamos a fita de veiculação (algo que era de suma importância para ele), conseguimos receber. Então aqui vai a lição número 1: fuja dos caloteiros!

Havia momentos engraçados, quando um cliente novo ia até a produtora para uma reunião e eu atendia à porta. Ele pedia para falar com o dono e não acreditava quando eu dizia que era eu, tudo por causa da minha carinha de garoto. Acho que é por isso que, quando adolescente, meu apelido era gnomo.

Como todo mundo que começa na "raça", também entrei em roubadas. Fazíamos toda a parte de pesquisa na classe C para uma grande agência de publicidade, e uma das formas de se executar isso era com uma coisa chamada "câmera oculta". A gente colocava o equipamento escondido em uma mochila e dois fios que ligavam até uma câmera que ficava no botão da camisa ou em um par de óculos. Todo esse material era alugado de detetives, e eu conheci vários deles. Eu ia, por exemplo, até uma concessionária de carros para gravar depoimentos sem as pessoas saberem. Uma vez, em um supermercado, descobriram e eu quase tomei porrada. O pior foi quando eu quebrei um desses equipamentos alugados (eram caríssimos). Assim que fui devolvê-lo ao detetive, o cara tirou uma arma da cintura e colocou em cima da mesa, como forma de me intimidar para que eu pagasse. Então eu decidi parar de prestar esse tipo de serviço.

Quando a empresa começou a crescer, Renata e eu decidimos alugar uma casa para a produtora e morar juntos nela. Toda a parte da frente era a recepção, tínhamos uma ilha de edição em um dos quartos, sala de reuniões no outro, um financeiro e uma copa. Foi nessa época que a Beba, nossa pitbull linda, entrou em nossa vida. Era um momento em que eu estava bem desiludido. A produtora nem sempre tinha trabalho e eu achava que aquilo podia dar errado a qualquer momento. Pensava se devia arrumar um emprego "normal". Então, a Beba foi uma boa pra dar uma animada. Ela veio de uma ninhada de dez cachorros que nasceram dentro de uma comunidade, e a informação que tínhamos era que provavelmente seria sacrificada. A Beba era também um treino, porque a Renata e eu imaginávamos que, se conseguíssemos cuidar bem de um cachorro, quem sabe a gente poderia ter um filho mais para a frente. Quando a adotamos, ficamos na dúvida do nome. Beba é uma adaptação de Beta (que tem a ver com "fita beta"). Queríamos algo que tivesse a ver com a produtora, e que ninguém achasse incomum. Hoje ela é nossa mascote, segurança e parte integrante da equipe.

Meu pai ficou meio puto quando eu decidi sair da casa dele. E ele tinha me ajudado a escolher a nova casa, vejam só! Só que pai é pai, quando ele me viu com as malas na mão, deu uma surtada — mesmo que eu fosse morar a apenas dois quarteirões dele. Nessa época, eu tinha um Fiat Uno Mille que vendi por 11 mil reais. Com o dinheiro, comprei uma filmadora profissa da Sony, um tripé e um microfone. Meu pai, novamente, ficou chocado! Enquanto todos os meus amigos queriam comprar um carro, eu havia vendido o meu para comprar uma câmera? Mas eu sabia o que estava fazendo, e tinha na cabeça a quantidade de tempo em que recuperaria esse dinheiro com os trampos que faria com o equipamento.

Com o crescimento da empresa, cheguei à conclusão que deveria ter um sócio. Eu ligava para vários amigos, mas ninguém queria participar. Sempre fui responsável, havia devolvido o empréstimo do meu pai, pagava todas as contas, mas isso parecia não fazer muito efeito nesse sentido. Criar uma produtora do nada pode ser um negócio bem estimulante, mas ninguém parecia disposto a arriscar comigo. Enquanto isso, meu pai me aconselhava a prosseguir sozinho. Ele era reticente quanto a sociedades, porque já havia tido problemas na época da quebra da empresa dele. E é bem verdade que eu e Renata não guardávamos dinheiro. Tudo o que sobrava, gastávamos. Por exemplo, viajávamos todo fim de ano com a grana que deveríamos ter juntado. Aí, começávamos o ano seguinte praticamente no zero.

Eu estava em uma festa junina quando vi o Samuel Costa, o "Menino Maluquinho", jogando bola. Pensei: "Que legal, a gente podia fazer alguma coisa juntos!". Conversei com o Samuel, ele foi na produtora pra fazermos um curta-metragem. Era como uma brincadeira, mas também um primeiro trabalho nosso. Ele imediatamente decidiu ficar uma semana inteira dormindo lá para planejarmos o curta. Criamos o roteiro, fizemos a produção e gravamos. Depois disso, ficou claro que seríamos grandes parceiros. O Sama tinha o que eu precisava: sangue nos olhos! Virou editor da produtora (ele já trabalhava na McCann como assistente de arte), começou a montar vinhetas, introduções dos vídeos, tudo o que envolvia a parte gráfica e artística. Virou nosso parceiro logo de cara.

Estávamos comendo as beiradas do mercado publicitário, pegando um pouquinho da verba que as empresas disponibilizavam para a produção. Nessa época, a Renata e eu nos envolvemos com ioga, fizemos alguns retiros e entramos em uma espécie de viagem interna profunda. Autoconhecimento. Conheci o Alberto Marsicano num show da Virada Cultural em São Paulo e comecei a estudar o sitar indiano, a mãe da guitarra elétrica. Tinha aulas com ele todas as quintas-feiras. Ele contava histórias incríveis com grandes nomes da MPB. Sempre pensei em fazer um documentário sobre ele, mas infelizmente o Alberto morreu em agosto de 2013 e o projeto nunca se realizou. Era o tipo de pessoa que gostava de fazer videoclipes sentado em pétalas de rosas, e eu, não muito. Mais ou menos nesse período, a Renata viajou para a Índia e retornou de cabeça raspada. Tornou-se professora de ioga e foi se afastando da produtora. No mesmo ano, fiz uma viagem de férias sozinho. Quando voltei, ela me disse que não se interessava mais pela produtora, queria sair. Eu respeitei a decisão dela, ao mesmo tempo que pensava que teria de me virar.

No momento em que ela saiu da produtora, recebemos uma proposta de compra da Blues por um grande grupo de comunicação. Eu estava meio reticente e fui convidado a passar um tempo trabalhando com eles. Pedi ao Samuel que segurasse as pontas, que eu ia lá ver como funcionava. Se fosse tudo ok, a gente fecharia o acordo. Nesse período, senti como funciona uma grande corporação. Mas o melhor com certeza foi ter conhecido o Bruno Marossi. Ele é o atual responsável pela parte comercial da produtora, o atendimento, meu empresário e amigo pessoal. Me lembro de estar envolvido em um projeto gigante para uma empresa alemã. Era um reality show que reformava e pintava a casa de blogueiros famosos. O Bruno Marossi era o cara que tinha vendido o projeto para o cliente e nos demos muito bem logo na primeira reunião. Pensávamos muito parecido! Me lembro que, no final dessa reunião, todos saíram e ficou apenas eu e ele sentados na frente daquela mesa enorme. Olhei para ele e falei sem pensar: "Marossi, um dia vamos dominar o mundo!". Ele respondeu: "Vamos!". Naquele momento tudo isso era apenas uma brincadeira totalmente impossível, mas eu sabia que tinha algo que faríamos juntos em algum momento da nossa vida.

Voltando às corporações, falta vida nos projetos, falta vida nas pessoas, falta foco, e isso dificulta os processos, o resultado fica comprometido, bem diferente do que executávamos na Blues. Não aguentei dois meses. Desisti. Virei pro presidente da empresa e disse que a qualidade não era o que eu esperava. Ele me falou que eu não teria chances no mercado com minha produtora. Não acreditei e voltei pra Blues. A partir daquele instante, eu sabia o que tínhamos de diferencial. E era mais do que eu imaginava: éramos ágeis e baratos. Eu podia cobrar cinco vezes mais e ainda seria metade do preço de uma grande produtora. Isso foi uma grande sacada.

Com a revolução das câmeras DSLR, avançamos bastante na qualidade dos projetos. Finalmente era possível gravar e veicular uma campanha inteira com essas câmeras. Algumas agências começaram a apostar na gente. Conseguimos alugar uma casa próxima a Santo Amaro e fechamos o primeiro contrato com uma grande empresa de telecomunicações. Quem me convidou para entrar nessa concorrência foi justamente o roteirista do projeto que eu fazia pra DirecTV na produtora do professor. Ele me conhecia e confiava em mim. Sou muito grato ao Paulo Toledo e à confiança que ele depositou na gente, pois foi a partir de lá que a brincadeira realmente começou a ficar séria. Montamos uma proposta bem bacana para produzir conteúdo para os assinantes da operadora, o projeto Connect, que ainda não era voltado pra internet. Vencemos a concorrência. Me lembro de receber a notícia na produtora e começar a chorar. Sabia que minha vida iria mudar. Tínhamos finalmente um fee (uma espécie de pagamento mensal) e um cliente grande. O projeto foi um sucesso nos seis primeiros meses e conseguimos um segundo contrato com a empresa. Foi quando ele passou a se ampliar para a internet. E internet era a nossa praia. Tínhamos dinheiro para criar um projeto pro YouTube, patrocinado por uma marca, era um sonho! Começamos um casting e testamos mais de 300 crianças do Brasil. Uma loucura. Foi aí que encontramos uma galera fera e o Rolandinho, que tinha 17 anos e se sobressaía, porque era engraçado, inteligente e muito comprometido. Gravávamos todos os meses, com muito amor e dedicação. A Kéfera, o Cauê Moura, o Leon, o Elcio Coronato... todos foram ao nosso programa.

Fomos premiados com "prata" em campanhas para redes sociais com o prêmio ABEMD e começamos a ganhar mais moral com os clientes. Nosso cliente adotou de vez a produtora e nós o abraçamos como pudemos. Viramos uma "house" dele durante um ano, até que o projeto Connect começou a mudar de características. Nosso cliente passou a "falar" com gente mais velha e precisamos trocar os apresentadores. Pegamos o Rolandinho para continuar com a gente e chamamos o Felipe Castanhari, hoje um grande youtuber (na época, ele estava iniciando). Tínhamos dois caras bem carismáticos. Os dois fizeram a 2ª temporada do Connect. O Rolandinho já morava na produtora e havia desistido de estudar Letras porque não conseguia dar conta da demanda. O Connect chegou ao fim com um ano e oito meses de programa.

Necessitávamos de um plano B, quem sabe criar outros projetos. O Rolandinho dizia que precisávamos inventar um canal pro YouTube. Ele entendia muito bem de internet e parecia pressentir que faríamos sucesso. Veio o Chacota. Começou numa noite em que peguei um roteador quebrado e fiz o primeiro vídeo do personagem Marcos Almeida para o canal. Dois dias depois que o vídeo se tornou um viral, eu estava no programa CQC mostrando a minha façanha. O Chacota começou antes mesmo dos canais de humor mais acessados hoje em dia. Chamou muita atenção. O nosso erro foi termos feito esquetes diversos e uma linha editorial não definida. Talvez, se tivéssemos continuado com o personagem Marcos Almeida, estaríamos bombando. Mas a cada semana era um esquete diferente, política, faculdade, fantoche, gringos... Cutucávamos marcas, tentávamos fazer outros virais... não dava certo desse jeito, porque a internet não funciona assim.

Foi então que nasceu o Pipocando, mas os detalhes você poderá ler nas próximas páginas. O que eu posso dizer é que, depois de muita batalha, finalmente chegamos ao formato certo. E acho que você concorda com a gente, não é?

Ah, mais uma coisa sobre o meu pai, o velho alemão... Depois que ele se aposentou, veio trabalhar conosco na produtora. Mais ou menos como no filme *Um Senhor Estagiário*, sacou? Eu tenho muito orgulho dele, porque é responsável, trabalhou bastante tempo e teve a sua própria empresa, então acrescentou muito à gente. Ele sempre nos deu um pé no chão, e arrisco dizer: o pé no chão de que a gente necessitou para dar um passo adiante. Ele é um cara observador e cuida de toda a parte estrutural da produtora. E foi ele que encontrou o galpão onde é nossa atual sede. Agora não temos mais panos pendurados, temos estúdios profissionais! Uma produtora de verdade, com alguns dos maiores estúdios de São Paulo e uma equipe de quase 50 profissionais.

Hoje em dia na produtora é assim: às 15h00, alguém liga o aparelho de som e toca uma música eletrônica alta. Todo mundo para o que está fazendo e começa a dançar. Meio louco, não é? Mas funciona.

Eu brinco que a Blues é algo na minha vida que tinha que acontecer, eu não "procurei" por ela. Depois de tudo o que você leu, acho que vai concordar comigo. Ao longo do tempo, aprendi que devo fazer o que sinto, não o que eu sou obrigado a fazer. Quebrar paradigmas, essa é a lição. Não precisamos ir na mão de um sistema imposto. Não somos vítimas, somos responsáveis pelas nossas atitudes. Você não deve se importar com qual mensagem levar, e sim ser você mesmo, seja sozinho ou em público, porque você tem o direito de ser exatamente quem você é. Eu não abri a empresa para ser apenas um empresário igual aos outros. Eu abri a empresa para mostrar às pessoas que não importa o quão complicado seja o caminho, você não pode deixar de fazer as coisas com prazer. E acho que boa parte disso está lá no Pipocando, também.

O PIPOCANDO

O COMEÇO 

Para entender como iniciamos o Pipocando, é preciso retroceder um pouquinho. Você já leu nas páginas anteriores como nós nos conhecemos e construímos a nossa parceria. Agora, é importante continuar falando da fase que antecedeu o Pipocando e que foi nossa maior escola para o projeto: a fase do Chacota.

O Chacota Television foi um canal de humor criado por mim um pouco antes de o Rolandinho se mudar para São Paulo. Os primeiros vídeos foram praticamente improvisados e os fiz com as coisas que achei no armário da produtora. A falta de produção nunca foi um problema pra gente, na verdade esse era um bom desafio. Um roteador quebrado, um videogame queimado e muita criatividade: esse foi o começo do Chacota. É legal mencionar que foram o Rolandinho e o Fernando Motolese — um amigo nosso que esteve por trás de alguns virais gigantes da internet, como o "Galvão Birds" e o "Justin Biba" — que me incentivaram a criar um canal de humor pro YouTube. Sempre fui o cara por trás das produções. Eu dirigia todos os projetos da produtora, ajudava nos roteiros, visitava os clientes, produzia, orçava e fazia café. Era normal falar com um cliente em um telefone sem fio e, com um balde de água, lavar o quintal sujo de xixi da Beta. Porém, era óbvio para todo mundo que meu maior talento era na frente das câmeras, menos para mim! Por sorte, acabaram me avisando a tempo. Naquela época a Blues ainda não era uma produtora de conteúdo e a galera ralava muito atrás das câmeras, produzindo vídeos institucionais, pequenos filmes publicitários, vídeos de treinamentos para empresas, enfim, muita coisa coxinha!

Quando o Rolandinho se mudou para São Paulo, resolvi investir todo o tempo livre e o pouco dinheiro que a produtora havia juntado no Chacota. Eu tinha finalmente um parceiro para fazer o projeto acontecer, éramos como Batman e Robin, Pink e Cérebro, Jake e Finn, Rola e Bo... ah, deixa pra lá!

Pensa só: a produtora estava bombando com muito trabalho para entregar e com uma equipe pequena, todo mundo fazia de tudo. Acho que foi morando na produtora que o Rolandinho viu que o trabalho não acabava nunca. Dependeria da gente criar conteúdos inovadores e em que realmente acreditávamos para não precisar mais vender a alma pras grandes agências e empresas fazendo filmes caros e arriscados em um mercado tão desleal. Os clientes ainda viam a Blues como uma produtora barata para pequenos filmes publicitários. Nessa época, já tínhamos a certeza de que nosso negócio era produzir conteúdo, e não publicidade. Mas, amigos, para mudar o curso de um barco, você precisa virar o leme e a embarcação demora pra tomar o rumo certo, mas garanto que os frutos dessa guinada é o sucesso que vivenciamos hoje. Os projetos de conteúdo eram realizados sempre depois do horário comercial por quem topava trabalhar por pizza (sem borda, galera, sem borda recheada!).

O interessante é que sempre pensamos em nossos projetos com muita seriedade, não era uma brincadeira, era a possibilidade de um dia trabalharmos com algo que curtíamos, de não termos mais um cliente dono dos vídeos. Imagina trabalhar diretamente para o público? Seriamos finalmente donos do nosso próprio nariz. Isso ainda era algo bem utópico, pois nessa época o YouTube ainda não era visto como um negócio, mas nossa visão e persistência quase doentia garantiram nosso crescimento absurdo. Mesmo tendo conhecido algumas pessoas na internet por causa do projeto com nosso cliente, foi necessária muita força e investimento de grana em divulgação! A galera ajudava porque o projeto que fazíamos trazia influenciadores da internet, então tínhamos uma boa moeda de troca. Passávamos trabalhos e ganhávamos algumas divulgações pros projetos da casa. Temos muito a agradecer a pessoas como os Irmãos Piologo, Felipe Castanhari, MarquesZero, Gaybol, Gusang, Fodones e toda a turma que sempre fez questão de divulgar nossos projetos, por mais loucos que parecessem.

Em certo momento, o Chacota contava com vídeos semanais e aquilo consumia todo o nosso dinheiro. Não sobrava grana pra muita coisa, toda a margem de lucro que tínhamos com projetos dos nossos clientes, investíamos nos nossos pilotos e projetos de YouTube. Figurinos e montagem de estúdio, que, mesmo pequenos e improvisados, exigiam um investimento considerável. Nós usávamos equipamentos da produtora, mas isso exigia um turno de trabalho maluco, pois só os usávamos durante a noite. Agora, imagine: eu dirigia e editava de dia e, à noite, virava personagens malucos pro YouTube. O Rolandinho, durante o dia, era redator e também editava. À noite, ele colocava peruca e virava o que fosse necessário para fazer a turma rir. E por muito tempo esse foi nosso termômetro. Se na gravação estávamos nos divertindo, acreditávamos que essa era a única garantia que o público se divertiria também. Portanto, por dois anos, o trabalho foi em jornada dupla, afinal nós dois precisávamos trabalhar duro em outras coisas para ganhar dinheiro e sobreviver.

O Samuel Costa foi uma peça muito importante, pois nessa época ele segurava a produtora e era quem estava mais concentrado nos clientes. Só foi possível criar esse projeto dentro da produtora e adquirir toda a experiência necessária para trabalhar com YouTube porque tínhamos alguém garantindo a qualidade dos projetos da Blues. A gente brinca que o Samuel é um cara que já zerou a vida, então ele não tem problema em deixar os amigos zerarem a deles. Isso porque ele foi o Menino Maluquinho nos cinemas. O Sama, com 9 anos, já tinha feito dois filmes, novela na Globo, foi muito famoso e curtiu demais tudo isso. Ele também não queria fazer publicidade para sempre nem vídeos encomendados por agência. Sendo assim, era o plano B dele, também. Perdi a conta de quantas vezes o Samuel virou a noite com a gente criando layouts pras nossas ideias loucas, recortando tela verde, montando letreiros. Não dá para esquecer um vídeo que inventamos de colocar a "tela verde" dentro de uma piscina, ou em outro momento que me penduraram de ponta-cabeça em um estúdio, e até mesmo quando estouramos a feira inteira com bombas que deixariam o Bin Laden com inveja. Em todas essas situações, o Samuel estava lá, apoiando incondicionalmente nossas maiores loucuras.

Foi uma época muito maluca, com muitas noites viradas, eletroeletrônicos estourados, fantoches de meias e pizzas (ok, algumas com borda recheada). O Rolandinho ainda morava nos fundos da produtora em um pequeno quarto, que depois virou estúdio. Alimentava-se de bolachas e restos de marmitas. Não tínhamos descanso, mas quem queria de fato descansar? Estávamos correndo atrás do nosso sonho e, pra isso, tudo valia a pena! Mesmo com essa correria, produzimos vídeos para o Chacota semanalmente e com uma qualidade muito boa para os padrões do YouTube brasileiro na época.

Mas não podíamos apostar em apenas um projeto. A produtora ia bem, porém sabíamos que depender de só um cliente não era seguro. A qualquer momento poderíamos ficar sem trabalho e queríamos garantir que, no futuro, esses projetos malucos pudessem virar nosso ganha-pão. Quero deixar aqui registrado que isso parecia uma enorme loucura na época. Tínhamos clientes recorrentes e fazíamos trabalhos grandes, mas quem conhece o mercado de vídeos sabe que a qualquer momento você pode ficar sem trabalho. O Chacota era incrível, mas seria muito difícil conseguir se aproximar de grandes marcas com vídeos tão provocativos. E chamar atenção a qualquer custo estava nos custando a reputação.

Não tivemos dúvidas: os rumores de uma nova lei de conteúdo pra TV por assinatura, a PL-116, era a informação de que precisávamos para engatar a segunda marcha. Essa lei obriga as TVs por assinatura a comprar conteúdo independente e a passar nas suas grades em horário nobre. Isso poderia ser mais um sinal de que esses projetos que estávamos fazendo seriam o futuro.

Depois de vários meses fazendo o Chacota, fizemos alguns vídeos que bombaram: o "PSY fala sobre processo contra Latino", uma entrevista falsa entre mim e o autor da música GANGNAM STYLE; o Rolandinho imitando a Marília Gabriela entrevistando o Silas Malafaia; o famoso "Cozinhando no Playstation", em que eu preparava um hot dog em um PS3; e alguns outros vídeos que passaram das centenas de milhares de visualizações. Nessa época, o Chacota ganhou um prêmio da YouPix Content Talent. Foi aí que o Rolandinho começou a encher o saco de alguns contatos antigos dele e conseguiu marcar uma reunião nossa com o Felipe Neto, no Rio de Janeiro. Na época, ele tinha acabado de abrir a Paramaker e nós sabíamos que, para bombar, precisávamos da ajuda dos grandes. Eu sei que não é fácil conseguir marcar uma reunião com o youtuber do momento, mas a Blues era o cartão de visitas mais que ideal. Como trabalhávamos muito com clientes grandes, esses influenciadores tinham um contato até que próximo com a gente. O Rolandinho também sempre foi muito engendrado nos esquemas das internets. Ele já conhecia uma galera e isso ajudou para conseguirmos os contatos necessários.

Depois de muito tentar, conseguimos uma reunião na Paramaker. Fomos bem recebidos pelo Felipe e saímos de lá com alguma esperança: iríamos produzir uma série com dicas de produção de vídeos e um videocast com convidados em troca de divulgação. Era uma maneira sagaz de conseguir ser visto. No início, amigo, esse empurrãozinho pode ser o divisor entre o sucesso e o fracasso. Foi uma parceria bacana porque, produzindo para o canal dele, nós gravamos com figuras importantes da internet. Nessa época conhecemos o Cauê Moura, a Kéfera, o Leon, o Vagazoide, o Elcio Coronato, entre outras figuras importantes que iam na produtora pra participar com a gente dos vídeos. Rolou muita troca de informação e realmente enchíamos muito o saco do Felipe e de quem pudesse dar uma forcinha. Nunca tivemos vergonha de pedir ajuda e acredito que isso foi algo importante. Humildade e parceria são fundamentais para fazer parte de uma comunidade. E o YouTube tem uma das maiores comunidades do planeta! Nesse período também aprendemos muitas dicas da plataforma com a experiência que ele e sua equipe tinham.

Durante essa fase, nós também abrimos um outro canal no YouTube, o Scubtrovers. Lá, Rolandinho e seus amigos mais próximos, Fodones e MarquesZero, falavam sobre games usando uma linguagem sarcástica e com um conteúdo bastante técnico e diferente. O projeto tinha até um portal, desenvolvido pela própria galera, com notícias e análises de jogos de videogame. Então, além do emprego normal, do Chacota e das produções para a Paramaker, nós ainda fazíamos o Scubtrovers. Era uma loucura! O projeto ganhou certa relevância, até conseguiu patrocínio para cobrir a E3, o maior evento de games do mundo!

Continuamos a produção do Chacota com tanto carinho e investimento que ele acabou chamando a atenção de gente importante. O Ian, diretor do Porta dos Fundos, nos adicionou e marcou uma conversa comigo por Skype só para dizer que adorava o Chacota e que seríamos um dos maiores canais do YouTube em pouco tempo. Ele não acertou nessa previsão, mas tenho de admitir que, se tivéssemos mantido os primeiros quadros do canal, como o famoso professor Marcos Almeida, talvez hoje seríamos um dos maiores canais de humor. Além de elogiar a qualidade dos vídeos, o Ian também passou algumas dicas bem precisas e importantes. Ficamos lisonjeados! O diretor do Porta dos Fundos estava elogiando nosso canal! Outro cara que fez questão de dizer que estava curtindo o canal foi o Rafinha Bastos, que também veio atrás de nós para elogiar nossas produções. O Rolandinho me recorda até hoje que eu liguei para ele às 4h00 para contar que o Rafinha tinha assistido ao canal e estava adorando os vídeos.

Uma dica que todos os grandes youtubers nos davam nesse momento era em relação à frequência dos vídeos e ao foco na linha editorial do canal. Fazer humor toda semana não era fácil e sabíamos que, se não nos reinventássemos, iríamos perder a graça rapidamente.

Foi por causa de todo esse reconhecimento que nós dois decidimos uma coisa: não pararíamos mais de fazer vídeos para o YouTube e isso era exatamente o que queríamos para a nossa vida. Se não fosse o Chacota, seria outro canal. Por isso, chegamos à conclusão de que precisávamos fazer projetos que fossem comercialmente viáveis; já tínhamos brincado com muitas marcas e sabíamos que, dentro das empresas, essas brincadeiras são sérias e têm um preço. Precisávamos de algo menos subversivo. Algo que nossos clientes pudessem comprar.

O YouTube já havia se transformado em uma plataforma de retenção, não mais de viralização, ou seja, os espectadores queriam assistir a vídeos o dia inteiro, todos os dias. A moda dos virais estava passando e não adiantava mais ter um ou dois grandes sucessos por mês. Seria preciso ter vídeos todos os dias para conseguir relevância. Grandes artistas gringos já faziam programas diários, e essa parecia ser mesmo a tendência para o futuro.

Começamos a bolar projetos com estas características: baixo custo e alta produtividade. Se gastávamos R$ 300 em um vídeo do Chacota, agora tínhamos essa verba para a semana inteira. Como trabalhávamos para uma empresa de TV por assinatura, focamos o conteúdo dos novos projetos em cultura pop. Montamos um cardápio deles: Scubtrovers, Chacota, Chacota Gameplay, Home-Made, Jogatina (sobre jogos de tabuleiro) e o Pipocalhando. Assim nasceu o maior canal de cinema da América Latina: eu montei um roteiro simples, o Rolandinho arrastou o sofá, gravamos, editamos e finalizamos. Mexemos um monte até achar um formato para o vídeo. Estava estranho, não era o ideal. Mas havia algo lá. Agora tínhamos um projeto que não precisava mais ser engraçado. Falávamos de cinema, desenhos e séries, ser engraçado não era mais uma obrigação, mas sim a cereja do bolo. O humor contextualizado era mais inteligente e nos dava margem para usá-lo quando quiséssemos. Não seria mais necessário uma ideia genial por semana para bombar. A missão era construir um público fiel, dia após dia. Vídeos que entregassem conteúdo seriam a nossa garantia de que, mesmo não sendo um canal gigante, estaríamos criando algo útil. Acho que essa foi a principal sacada. A entrega de conteúdo vem em primeiro lugar. Antes de toda a palhaçada, das brincadeiras, existe uma pesquisa e um roteiro muito bem feito e preciso. Isso deixa o projeto sólido — era o contrário do Chacota.

Então a gente saiu batendo de porta em porta, falando com canais grandes, empresas, agências, possíveis patrocinadores, concorrentes, qualquer pessoa que topasse ajudar com grana ou divulgação. Todos recusaram! Foi brochante!

A gente não entendia direito por que não apostavam na gente. Nosso projeto era claramente viável e tínhamos a capacidade de produzir, o que faltava?

Não faltava nada, mas a visão de que o projeto poderia ser gigantesco era somente nossa. E isso fazia daquilo algo especial. Sentíamos que tínhamos algo bom nas mãos, algo poderoso que poderia finalmente nos tirar dos trabalhos de que não gostávamos para focar no nosso sonho. Porém, sem um investimento inicial, seria impossível produzir. Precisávamos de, no mínimo, um editor e um redator para montar uma grade inicial de dois vídeos por semana.

Depois de muito pensar, decidimos investir no projeto. Seria uma tacada única. Pegaríamos todo o dinheiro que havia sobrado na produtora, já que o Chacota tinha consumido quase todos os nossos recursos. Investir em mais um projeto de YouTube era uma questão de honra, tinha que dar certo e faríamos tudo pra isso. Montamos uma pequena estrutura. Eu apresentava, editava e gerenciava. O Rolandinho escrevia e também editava. Nós dois fazíamos de tudo... e começou a ficar trabalhoso pra caramba. Então o Rolandinho chamou um amigo dele, o João, com menos idade do que ele, para ajudar a editar. O cara era um mala! (Detalhe: esse cara é diretor do Pipocando e fundamental hoje na empresa, é como se fosse um irmãozinho para mim.) Já brigamos com ele no primeiro dia, mas a contratação representou um passo importante. Agora podíamos dormir um pouco!

Tínhamos um projeto novo e uma equipe nova. E uma única certeza: usar todo o aprendizado dos outros projetos antigos para fazer isso dar certo!

No começo, publicávamos apenas dois vídeos por semana. Dava trampo pra caramba. E o retorno financeiro? Nem pensar! Os primeiros vídeos chegavam a cerca de mil visualizações. Em um mês, passaram para 6 mil. Depois de dois ou três meses, 10 mil. Apesar do crescimento, era frustrante, porque a grana não dava nem para um churros e só conseguiríamos pagar 10 meses de projeto. Se não tivéssemos algum retorno financeiro em no máximo um ano, o projeto teria que parar. Era tudo ou nada! Por isso, decidimos aumentar a produção semanal. De dois vídeos semanais, aumentamos para três, depois para quatro, fechamos uma parceria com o Gaspar, um crítico de cinema do Rio que enviava o vídeo para editarmos (Gaspar, "tamo" junto!), e aí já ficamos com cinco vídeos semanais. Quando vimos, o canal já estava com uma grade de sete vídeos por semana. A grade diária era muito pesada e até hoje é algo bem inovador, mas acredito que foi um diferencial. Vídeos todos os dias! Isso chamava atenção. Por outro lado, sabe o que significava? Teríamos de trabalhar ainda mais e sem grana. Nossa aposta era que, com mais vídeos por semana, teríamos mais visualizações e, consequentemente, mais dinheiro. Ficamos um bom tempo publicando vídeos diários e ainda fazendo o Chacota e o Scubtrovers. A gente não comeu o pão que o diabo amassou, mas toda a cesta de café da manhã.

Em algum momento foi decidido que não continuaríamos com o Chacota. Afinal, o Pipocando precisaria de dedicação total. Com muita dor no coração, paramos o canal e cancelamos o Scubtrovers. Também descontinuamos nossos canais pessoais. Hoje todo mundo tem Snapchat, mas, naquela época, os influenciadores mostravam suas vidas pessoais e o dia a dia apenas no

YouTube. Dava muito trabalho gravar e editar todo esse material. Eu tinha um reality show, o "Vida de Bruno", que era gravado com o celular. E o Rolandinho, um programa de cultura pop, tecnologia e variedades, o "Salada Mista". Descansem em paz!

O Pipocando não parava de crescer! Um dia, pedimos para o Damiani, grande parceiro nosso e youtuber, compartilhar algumas dicas com a gente. Afinal, seu canal era um dos maiores e ele sabia muitos segredos da plataforma. Foi uma conversa de mais de duas horas pelo Skype. Ele abriu um computador na nossa frente e apontou o que fazíamos de certo e o que fazíamos de errado. Algumas coisas eram óbvias pra ele e, até aquele momento, a gente não seguia algumas regras que hoje sabemos que são fundamentais para um canal de sucesso. Ele explicou como a gente devia fazer os thumbnails, os títulos dos vídeos, como devia ser nossa agenda de postagem, a linha editorial, enfim, foi muito legal poder contar com esse parceiro e amigo. Essas pessoas com certeza foram muito importantes para o nosso sucesso, e a nossa gratidão é imensa pela generosidade dessa galera.

E você tem sorte! Pois este livro tem como objetivo encurtar o seu caminho nessa jornada. Se você for uma pessoa interessada em ter um projeto, entregaremos no "Manual de sobrevivência do youtuber" algumas informações que essas pessoas compartilharam conosco.

A produtora ficava em uma casa com apenas o andar térreo, pequena e bem escondidinha. Então, qualquer lugarzinho dentro dela virava um estúdio. Tínhamos três deles: um era a garagem; o outro, a sala de estar da casa; e o terceiro, o antigo quarto do Rolandinho. Investimos em mais editores, um redator e começamos a perceber que a casa estava ficando pequena para as nossas ambições.

Começamos a pensar em outros detalhes. Por exemplo, juntar vídeos de "gaveta", ou seja, conteúdos gravados e arquivados como reserva. Pois já imaginou se alguém adoecesse? Também abrimos a loja do Pipocando, que deu um trabalho gigante: desenvolver site, arte, comprar estoque, gerenciar, enviar pedidos, com a logística toda em outra cidade. Uma loucura! Apesar de termos um pouco mais de gente trabalhando conosco, ainda era uma equipe restrita, equilibrada. Então começamos a gravar, gravar, gravar... foram meses comendo e respirando Pipocando. Durante esse tempo, o Samuel nos aliviava com outros projetos da produtora. Mudamos para uma casa maior, que comportava as equipes da produtora e do Pipocando. Reconstruímos os estúdios, agora um pouquinho mais amplos, e botamos a mão na massa!

E aí veio o resultado: em seis meses, o Pipocando foi o canal de cinema que mais cresceu na América Latina e um dos que mais cresceram no mundo! Foi quando o Google apareceu e nos deu um feedback. "Oi, eu sou o Google!". O Google! Inacreditável! Lembro que a responsável pelos canais e parceiros entrou em contato comigo e falou que acompanhava o canal há muito tempo, que tínhamos tudo para dar muito certo e que éramos alunos nota 10! Havíamos feito nossa lição de casa. Me lembro bem das palavras da Fabi Fróes. Eu achava que ela queria me vender AdWords — aquelas propagandas do Google —, pois pra mim eles só faziam isso, e fiquei surpreso quando descobri que eles só queriam nos ajudar. A partir daquele instante, a gente teria um agente dentro do Google. O YouTube estava do nosso lado! As coisas estavam mudando!

Finalmente a gente havia criado um projeto que tinha relevância. Nosso forte era falar sobre cultura pop para quem não entendia nada. Achávamos um saco os canais que eram excludentes com conteúdos muito técnicos. Isso foi algo que ajudou bastante. Hoje todo mundo assiste a filmes e séries sob demanda. O que antes era coisa de nerd agora é algo que interessa a todos. Em qualquer lugar do Brasil, é possível achar um fã de *Game of Thrones* ou mesmo do Quentin Tarantino.

Começamos a crescer tão rápido que a nova casa ficou pequena em menos de 6 meses. Como assim? Tínhamos acabado de nos mudar para uma casa grande e linda e íamos precisar nos mudar novamente? Que loucura! Mas era isso que queríamos, não é mesmo?

Juntamos nossas coisas e mudamos de uma casa de 300 m para 3 galpões com mais de 1.300 m no total. Era a antiga sede de uma das maiores produtoras de São Paulo. Isso foi algo emblemático pra gente. Estávamos agora ocupando o prédio de uma das mais respeitadas produtoras do Brasil. O que isso queria dizer? Que nossa hora tinha chegado!

Eram dois estúdios enormes, com 8 cenários, 12 ilhas de edição, figurino, camarim, sala de produção, sala de objetos — o sonho estava se realizando! Finalmente não tínhamos mais limites de produção, pois dava para fazer tudo nesse novo espaço. A nossa equipe, que era miudinha, já tinha mais de 20 pessoas só para o Pipocando! Começamos a vender publicidades no canal e finalmente o projeto começou a ficar saudável financeiramente. O Pipocando bateu o recorde de 23 milhões de visualizações em um mês. Conseguimos coisas incríveis: fomos convidados para narrar o Oscar pela TNT, entrevistamos o Quentin Tarantino, passamos uma tarde inteira com o Jack Black, conhecemos o elenco das séries mais iradas da Netflix e recebemos convidados marcantes, como o Dr. Victor do *Castelo Rá-Tim-Bum* e a capa da *Playboy* mais vendida do ano, entre muitas outras experiências insanas!

Tínhamos criado algo impressionante, com potencial. O YouTube nos presenteou com a placa de 1 milhão de inscritos e informou que éramos o maior canal sobre cinema da América Latina.

Nós nos orgulhamos. De todos os projetos que fizemos, esse foi o que realmente deu certo. A gente errou muito, mas nunca desistimos. Se você faz canais do YouTube como passatempo, nós te dizemos: investiríamos novamente todo o dinheiro e esforço nisso! E faríamos tudo outra vez. Fritando na Cozinha, Lixograma, GamesFever, Toca do Lúdico, Scubtrovers, Chacota... esses são os ancestrais do Pipocando.

Hoje nos tornamos apresentadores da SKY, estamos nos trailers dos principais cinemas, nas rádios, temos dois programas em veiculação e outros dois grandes projetos de TV em produção, sem falar da nossa loja on-line, que vende camisetas, canecas e produtos da marca Pipocando. A produtora tem por volta de 50 colaboradores entre editores, diretores, produtores,

diretores de arte, figurinistas, maquiadores, designers, fotógrafos, cenógrafos, enfim, é grande, é mágico, é insano, absurdo, é nosso, é o Pipocando, por#@!!!!

Bom, mas agora que você já leu boa parte da nossa trajetória, tanto individual quanto do Pipocando, gostaríamos de compartilhar como funciona os bastidores do canal, algumas curiosidades e, depois, crônicas, pensamentos e depoimentos que acreditamos fazer parte disso tudo e que podem contribuir para o entendimento da mensagem principal que queremos deixar aqui: mexa a sua bunda!

Quando você alcança algum sucesso, começa a pensar no que foi realmente determinante e fica com uma vontade grande de ajudar as pessoas a realizar seus sonhos e a sair da zona de conforto. Não é nossa intenção encontrarmos uma fórmula. Queremos, de alguma maneira, tentar juntar informações necessárias para te inspirar a fazer igual ou melhor. Ajudar todos a perceber que, por trás de uma grande vitória, quase sempre existe um enorme esforço e muito mérito.

COMO FUNCIONA? 

O NASCIMENTO DE UM VÍDEO

Assim como uma borboleta que só abre as asas após um grande período de preparação, os vídeos do Pipocando também percorrem um longo caminho até estarem disponíveis no canal (acho que essa comparação não foi das melhores. As borboletas morrem em algumas horas. Algumas também têm um desenho nas asas que mais parece olhos estranhos, que me botam medo. E, por algum motivo mais estranho ainda, era o desenho da parede da produtora. Enfim, vamos esquecer isso).

Uma vez nós perguntamos, em um episódio, quanto tempo as pessoas achavam que era necessário para se preparar um vídeo do começo ao fim. Uma galera respondeu que um vídeo demorava, ao todo, 3 horas para ficar pronto. TRÊS HORAS!

Se vocês que comentaram isso estão lendo agora este livro, saibam que em 3 horas nós não conseguimos nem decidir um tema, baixar qualquer *insert* e pedir uma pizza. Para nós, um vídeo não é só *mais um vídeo*. É o nascimento de um novo pacote mágico de conteúdo, repleto de informações, imagens incríveis, "ofensas" e muitos memes de gosto duvidoso. Uma produção assim exige, acima de tudo, muita responsabilidade — isso aqui é arte! Por isso, cada vídeo do Pipocando demora, em média, sete dias para ficar pronto (e eu garanto que nós somos muito rápidos!). E nós colocamos sete vídeos por semana, ou seja, um novo vídeo todos os dias!

Esse tempo é dividido entre várias etapas. Talvez você ainda não tenha se dado conta de quais etapas são necessárias para a criação de um vídeo como o nosso. Então, vamos explicar cada uma delas em detalhe:

PRIMEIRA PARTE: ORGANIZAÇÃO E CRONOGRAMA

Um projeto como o Pipocando, com vídeos diários, precisa de muito planejamento. Fomos descobrindo isso conforme aumentamos a frequência semanal. Enquanto postávamos dois vídeos por semana, não era tão emblemático decidir os temas, qual vídeo ia em qual dia ou qual material editar ou gravar primeiro. Conforme o projeto cresceu, a quantidade de vídeos semanais aumentou. Começamos a ter formatos variados, publicidades vendidas para clientes com datas corretas para veiculação, necessidade de aprovação dos vídeos para não deixar nada errado ou polêmico demais ir ao ar, vários HDs externos com editores diferentes que precisavam de backup e dezenas de outros complicadores. Começamos a ficar pinel das ideias! Foi aí que o João,

nosso antigo editor e atual gerente-de-projeto-sênior-vice-líder-
-de-equipe-alpha se encarregou de começar a organizar, junto
comigo e com o Bock, todos os estágios da produção do vídeo. Criamos uma tabelinha para organizar as datas, que virou uma tabela,
se tornou uma tabelona e hoje é uma **tabelaça monster**, com todas
as datas de veiculação dos vídeos com meses de antecipação, lista
de temas aprovados, publicidades vendidas com prazos e datas,
catalogação de todos os vídeos do canal e em quais HDs eles estão, controle de produção da equipe com datas de entrega e muito
mais. Todas essas informações ficam em um serviço on-line e nós
podemos sempre acessar tudo com facilidade pelo celular e saber
de tudo — eu, que sou nerdão e metódico, fico até emocionado!

	AGEN	DIA	Publi	título	Roteiro	Grava	Edição	Pronto	Revisão
2	1/1	Seg		10 Melhores séries	X	X	X	X	X
3	2/1	Ter		Ator que mais morreu	X	X	X	X	X
4	3/1	Qua		Mais papéis	X	X	X	X	X
5	4/1	Qui		5 cenas mais fodas	X	X	X	X	X
6	5/1	Sex		8 filmes mais odiados	X	X	X	X	X
7	6/1	Sab		Crítica	X	X	X	X	
8	7/1	Dom		Making of	X	X	X	X	
10	8/1	Seg		7 melhores crossover	X	X	X	X	
11	9/1	Ter		Cinema de rua	X	X			
12	10/1	Qua		Filme com mais erros	X	X			
13	11/1	Qui		Primeira cena de nude	X				
14	12/1	Sex		Maiores tiroteios	X				

Outra grande mudança foi na estrutura dos projetos de edição. Se você já editou vídeos, sabe que o jeito amador — para não falar de *noob* — é simplesmente ir arrastando todo o conteúdo para o seu programa de edição e depois salvar o projeto na área de trabalho com o título "aaaaaAAaa" ou "videoooo123". Aqui também era assim, no começo. Mas, hoje em dia, todo funcionário da edição precisa seguir um esquema preestabelecido de organização, com pastas corretas para cada tipo de arquivo, vídeo, trilha e bruto, além de nomear corretamente todas as versões finais dos vídeos, seguindo uma nomenclatura também já estipulada. A mesma coisa com os roteiros: cada formato já tem seu esqueleto preestabelecido, com formatação, média de número de páginas, gabarito para elaboração dos itens e várias outras regrinhas.

Todas essas etapas facilitam muito o dia a dia do trabalho, permitem que nós façamos uma gestão estratégica das escolhas e deixam bem mais simples contratar novos funcionários, que já terão um modelo de trabalho para seguir. Resumindo: ainda é muito divertido brincar no nosso parquinho, mas agora tem regrinhas, não pode empurrar o coleguinha nem fazer xixi na caixa de areia. **Ordem na casa é um dos segredos do sucesso!**

SEGUNDA PARTE: ESCOLHENDO O TEMA

Eu leio vários comentários dizendo "Ah, daqui a pouco o Pipocando não vai mais ter do que falar! Eles fazem muitos vídeo e já falaram de tudo!". Sim, nós somos loucos, mas, quando estamos na internet, sempre se encontra alguém que é milhares de vezes mais maluco que você. Enquanto nós postamos um vídeo por dia, com uma produção de programa, cenário, gravação longa, muito material bruto, inserts bem escolhidos e cheio de brincadeiras — o que é, para os padrões brasileiros de produção web, uma espécie de milagre —, alguns canais gringos fazem isso até **três vezes por dia!** E pior: já fazem há muito mais tempo que nós. E eles continuam fazendo, com temas interessantes e ótima qualidade. Ou seja, é sim possível fazer tantos vídeos excelentes, portanto o Pipocando não corre perigo — os temas não vão acabar! Para tranquilizar ainda mais você, saiba que nós já temos uma lista imensa de temas esperando para serem escritos.

Funciona assim: nós juntamos diversas ideias interessantes de temas em um grupo de WhatsApp. Todos os membros da equipe podem contribuir, até o Bruno Marossi, nosso comercial, que sempre sugere uns muito, digamos, específicos — "As maiores aventuras em casas da árvore", "Os cachorros mais falantes das comédias", "Os prédios mais altos dos filmes europeus" e outros temas que todo mundo está louco pra conferir. Também levamos em consideração as dicas de temas que os assinantes deixam nos comentários dos vídeos — é de lá que surgiram algumas das melhores ideias do canal! (obrigado por trabalharem de graça, viu? Ahahahahaha.)

Esses temas vão parar em uma grande lista que é debatida em uma **reunião de pauta**. É aí que nós escolhemos os que virarão roteiros e já os distribuímos no cronograma, com a data exata de publicação. Os temas são sempre escolhidos e distribuídos da maneira mais estratégica que a gente consegue, tentando equilibrar vídeos sobre cinema, séries, temas mais apelativos que bombam e garantem mais visualizações e outros mais informativos e que credibilizam.

É um desafio encontrar esse equilíbrio perfeito e essa etapa é uma das mais importantes para o sucesso do projeto, porque é aqui que se faz a diferença entre um mês com 10 e 30 milhões de visualizações.

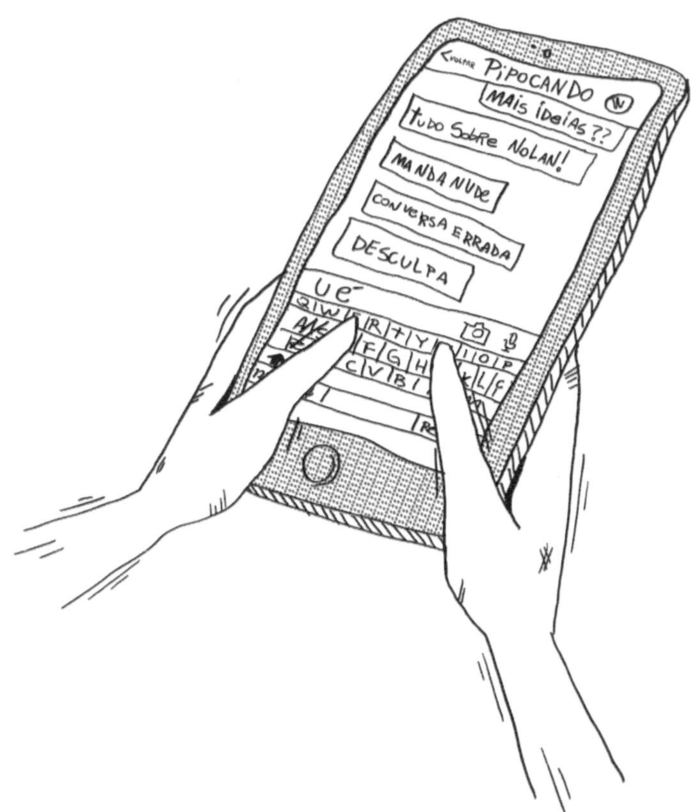

TERCEIRA PARTE: CRIANDO O ROTEIRO

Como eu já disse, o roteiro do Pipocando segue um padrão para cada formato. Temos roteiristas internos — eu mesmo escrevia muitos e ainda escrevo alguns, eventualmente — e também roteiristas *freelancers*, pessoas que nós conhecemos, curtimos o trabalho e que escrevem conforme a demanda vai surgindo. Nossos roteiristas precisam ser pessoas que adoram filmes e séries, porque é importante que eles passem esse sentimento através do texto e do conteúdo. A coisa toda precisa ser muito legítima. Felizmente, encontramos diversas pessoas talentosas e que contribuem muito com seus conhecimentos sobre os assuntos.

E não pense que o roteiro é coisa simples, porque não é! Ele precisa ser fácil de ler, porque temos que acompanhar a leitura enquanto falamos, através do TelePrompTer. Ele também precisa ser escrito de forma coloquial — do jeito que se fala entre amigos — para que os diálogos fiquem bem naturais durante a gravação. Os roteiros também precisam trazer novidades e coisas interessantes e menos conhecidas, para não ficarmos falando algo que você aí já está cansado de saber. Mas o principal é que o roteiro precisa ter os itens **justificados**. Isso significa que, quando a lista é sobre as "5 MAIORES EXPLOSÕES DO CINEMA", por exemplo, não basta escolher aleatoriamente explosões legais: você precisa dizer por que aquela explosão está entre as 5 maiores do cinema e não as outras centenas de opções — é porque ela foi uma das mais caras? Usou efeitos práticos em vez de computação gráfica? Queimou sem querer algum integrante da equipe? Precisa ter um bom motivo!

É importante explicar também que os roteiros não contêm nenhuma piadoca infame, elas surgem espontaneamente durante as gravações. Já tentamos colocá-las no roteiro e o resultado é desastroso: fica artificial e totalmente sem graça (não que as nossas sejam muito engraçadas, mas, pelo menos, convencem). Porém, o texto precisa ser divertido, rápido e prender a atenção.

E quando o vídeo vai ter uma inserção publicitária, a coisa fica mais complicada. É preciso encontrar um gancho bacana para fazer a propaganda, falar do produto de forma natural e ao mesmo tempo cobrir exigências e restrições do cliente. Os roteiros com inserções também precisam ser aprovados, portanto é normal que os roteiristas façam várias versões até ter seu trabalho aprovado.

São os roteiristas que possuem o maior potencial para trollar os apresentadores. Um jeito muito eficiente de fazer isso, por exemplo, é colocar vários nomes internacionais e irrelevantes de membros da equipe técnica ou do elenco na fala de alguém. Isso sempre deixa a missão de ler uma fala bem mais complicada, e é normal que aconteçam algumas menções bastante ofensivas às progenitoras dos roteiristas nesses momentos. Outro jeito divertido de trollar, mas que só funciona com o Bock, é encher a fala de palavras com "R" — o Bock tem uma dificuldade grande para falar essa letra e os parágrafos recheados de "R" fazem o coitado sofrer horrores.

Os formatos mais complexos e diferentões, como é o caso do quadro "Super Migos", por exemplo, exigem outro processo de criação de roteiro, feito de forma mais colaborativa: nós nos reunimos com os roteiristas e bolamos juntos as piadas para o vídeo, alteramos e damos palpite nas ideias uns dos outros e criamos uma primeira versão de roteiro, toda bagunçada, que depois é corrigida por algum corajoso.

Deu para entender que a etapa do roteiro é crucial? É isso que diferencia nosso projeto dos outros e cria nossa identidade. Além disso, bons roteiros facilitam a gravação e permitem que nós produzamos mais e com muita qualidade.

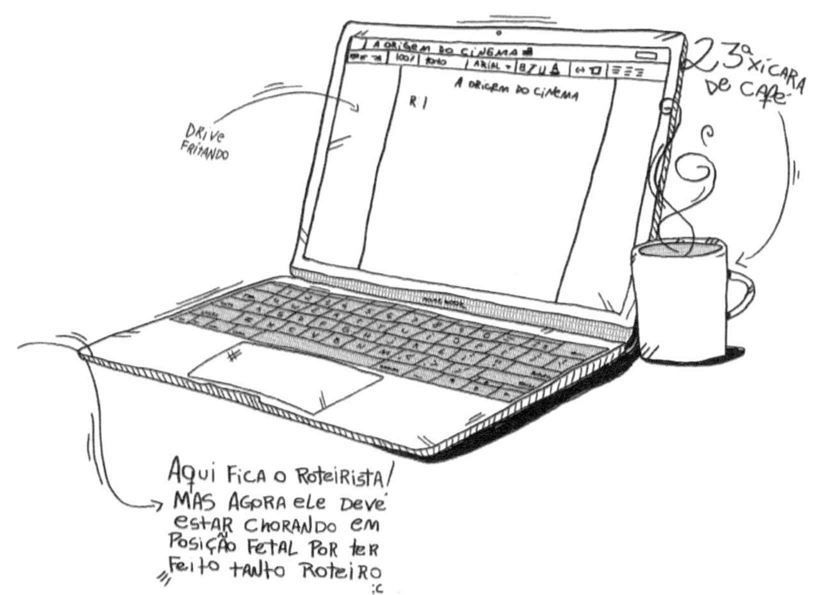

QUARTA PARTE: LUZ, CÂMERA, ÁUDIO, LARGUEM OS CELULARES, AÇÃO!

A gravação é um momento mágico e tenso ao mesmo tempo. É a hora do show! O momento em que o Bock e eu precisamos brilhar. Só que, amiguinho, a vida é uma caixinha de surpresas e os dias são sempre um mistério: em alguns deles nós estamos ótimos, em outros nós estamos na *bad*. Nosso trabalho é muito divertido, mas também é muito estressante: as coisas acontecem todas juntas e nós precisamos nos lembrar de vários compromissos, elaborar projetos de madrugada, descascar centenas de pepinos e isso acaba, algumas vezes, deixando menino Rolandinho e menino Bruno Bock um pouco baqueados. Lembre-se: nós não somos só os apresentadores que chegamos, sentamos lá e gravamos, nós gerenciamos todo o projeto, dos orçamentos, passando pelos problemas nos equipamentos, até arrumar a calha entupida. Isso sem contar as outras tantas atividades da produtora, que muitas vezes precisam da nossa ajuda. Está tudo na nossa mão, e isso é um desafio muito grande! O que eu quero dizer é que muitas vezes nós não estamos no *clima da gravação*, mas, mesmo assim, precisamos gravar. Precisamos gravar muito! E a gente sempre consegue! Claro, as coisas nunca saem como a gente planeja: os imprevistos fazem a gente atrasar e falhar com os horários, rolam discussões com a equipe, a madrugada chega, a galera fica estressada, mas nós sempre nos resolvemos e conseguimos gravar.

Primeiro, o produtor (beijo, Gaybol) vai até o estúdio e prepara os equipamentos: formata os cartões de memória, configura o áudio, coloca as baterias, liga as luzes e verifica os quadros das câmeras. Depois, ele chama o assistente de gravação, que traz o notebook que usamos no TelePrompTer já com os roteiros que iremos gravar. Enquanto isso, nós estamos sendo maquiados e escolhendo figurino em uma sala ao lado. Quando terminamos, sentamos no sofá e o produtor coloca os microfones de lapela e faz os últimos ajustes de câmera. Aí, nós aguardamos o Bruno Bock parar de checar todas as redes sociais que ele tem e só aí nós começamos a gravar. Durante a gravação, os dois heróis da equipe cuidam do texto do Tele-PrompTer, da captação do áudio, do vídeo das duas câmeras, checam a iluminação e ainda conseguem conferir eventuais erros de fala ou de conteúdo (quando pronunciamos algum nome errado ou confundimos alguma fala, são eles que nos salvam).

Existem gravações especiais, aquelas que exigem figurinos e maquiagens complicados. Nesses dias, nós gravamos menos porque essa preparação leva muito tempo — algumas maquiagens já precisaram de horas para serem produzidas,

mas o resultado sempre vale a
pena! Também temos uma
gravação diferente quan-
do recebemos convidados,
porque, além dos enqua-
dramentos de câmera e
captação de áudio serem
diferentes, nós também precisamos deixar o convidado à
vontade, explicar a dinâmica e
esperar que ele se acostume com
o nosso esquema de gravação —
é tudo feito com mais calma
quando estamos com convidados.

Apesar de todos os desafios que
envolvem as gravações, é um momento muito especial e na
maioria das vezes bastante divertido. O Bock e eu somos muito amigos e também caras totalmente diferentes. É isso que
deixa as gravações — e, por consequência, os vídeos — tão
singulares e divertidos!

QUINTA PARTE: A EDIÇÃO

Se você entende alguma coisa sobre audiovisual, já sabe
que a edição é um dos momentos mais criativos da produção
de um vídeo. É na edição que o vídeo ganha a identidade, quando
o editor escolhe o que deixar ou não, o destaque que ele dá para
algum trecho, as brincadeiras que ele monta com o material e
os efeitos e trilhas que ele escolhe. Essa é a etapa que exige a
maior responsabilidade de todo o processo de criação, porque

é o último passo antes de o vídeo ir para o YouTube. Portanto, os editores **não podem errar nunca!**

O processo de edição, na verdade, é iniciado antes de o vídeo ser gravado. Um editor já começa a separar no roteiro o material necessário para o vídeo, coletando as melhores cenas dos filmes para ilustrar os trechos do texto. Quando o material bruto chega à ilha de edição, o João, nosso gerente-de-projeto-sênior-vice-líder-de-equipe-alpha, "loga" pessoalmente o material, ou seja, transfere os arquivos gravados em cartões para os HDs, separando tudo nas pastas corretas. Depois, um editor que ele escolhe começa a cortar o material. É nessa etapa que ele decide as partes que ficarão na versão final e as que precisam ser cortadas por algum motivo. O corte é um momento bem delicado, porque um editor pouco familiarizado com o projeto pode acabar tirando coisas importantes ou deixando passar outras que não cabem ao propósito do vídeo. É, portanto, um serviço que exige muita confiança, já que após essa etapa ninguém mais vai visitar o material original novamente. Depois, vem a parte da finalização. É nessa etapa que o editor vai colocar os inserts — muitas vezes já separados por outra pessoa — sobre as partes que falamos dos filmes, vai fazer o corte de câmeras, que é escolher em qual momento cada câmera aparece, modular o áudio e a trilha e montar brincadeiras e memes. É essa a parte mais criativa da edição, por isso exige um editor mais familiarizado com o assunto do canal e que tenha habilidade e bom humor. Nós já temos muito material para ajudar nessa missão: brincadeiras clássicas já separadas, pacote de sons e efeitos e as artes do canal todas organizadas. Porém, mesmo com todo esse adianto, essa é a parte mais demorada da edição.

Quando o editor julga o vídeo pronto, ele passa para a revisão. É nessa etapa que o João confere a qualidade do trabalho e destaca trechos para aprovar comigo e com o Bock — são sempre partes polêmicas ou brincadeiras. Aí, o vídeo volta para o editor fazer as correções que foram marcadas. Se o vídeo for ter alguma inserção publicitária, é nesse momento que o João exporta o trecho e envia para o atendimento apresentá-lo ao cliente. Caso haja alguma ressalva, o vídeo precisa ser novamente alterado até a aprovação. É importante lembrar que tudo isso é feito em um espaço muito curto de tempo, por isso os editores do Pipocando sempre são muito competentes e sabem trabalhar sob pressão.

Outro desafio da edição é manter uma mesma *linguagem*. Como edição é um processo criativo e é feita por diversas pessoas, alguém precisa cuidar para que todos os vídeos se conversem, pareçam-se, enfim, estejam num mesmo patamar. É o João que cuida disso, apontando nas correções os caminhos para que os editores pratiquem sempre soluções parecidas.

É, a edição é uma das partes fundamentais do projeto. Montar essa equipe de bravos soldados sempre foi um dos nossos maiores desafios e muita gente talentosa já colocou a mão na massa para deixar os vídeos com a qualidade que você merece!

SEXTA PARTE: PUBLICANDO NO YOUTUBE

O vídeo está um docinho de coco, um xuxuzinho, está um verdadeiro filé! Agora, é hora de mandá-lo para a maior rede de vídeos do mundo: o YouTube! Parece simples, não? Mas, quando você leva seu canal de YouTube como profissão, essa etapa é fundamental, pois todo o esforço dedicado no vídeo pode ser profundamente prejudicado nessa hora. Afinal, essa energia gasta só faz sentido se o vídeo for um sucesso, e para isso é preciso fazer tudo direitinho na hora de publicá-lo.

A primeira coisa importante é a decisão do título. Sério, decidir título de vídeo é uma arte. Você precisa traduzir dezenas de minutos de conteúdo em apenas uma frase. As palavras escolhidas precisam ser chamativas, e as principais precisam estar no começo do título. Ele não pode ser grande, senão os usuários de celulares — quase metade dos visualizadores — não vão conseguir lê-lo por completo. Resumindo: é treta!

Não menos importante é a thumbnail, aquela foto que ilustra a capa do vídeo na sua timeline. Ela é a nossa única chance de fazer você clicar no nosso vídeo e não no do canal de cima da lista. E pode apostar: a gente vai fazer de tudo pra você clicar! Cores chamativas, personagens famosos, círculos, setas, palavra impactante, tudo isso é importante na hora de chamar sua atenção, e nós temos um profissional na equipe que se dedica quase integralmente a produzir essas capas.

Outra etapa é a escolha das tags e descrição. É aqui que mostramos pro YouTube qual é o assunto do nosso vídeo e ao lado de qual tipo de conteúdo ele deve indicá-lo. Isso sempre muda conforme o assunto do programa ou dos acontecimentos atuais. É uma parte estratégica que recebe muita atenção da gente.

Por último, precisamos marcar com as ferramentas do YouTube aqueles quadrados clicáveis que aparecem durante o episódio, com link para outros vídeos do canal, e programar o vídeo para o dia e o horário exatos.

Pronto. O vídeo está preparado para ganhar o mundo!

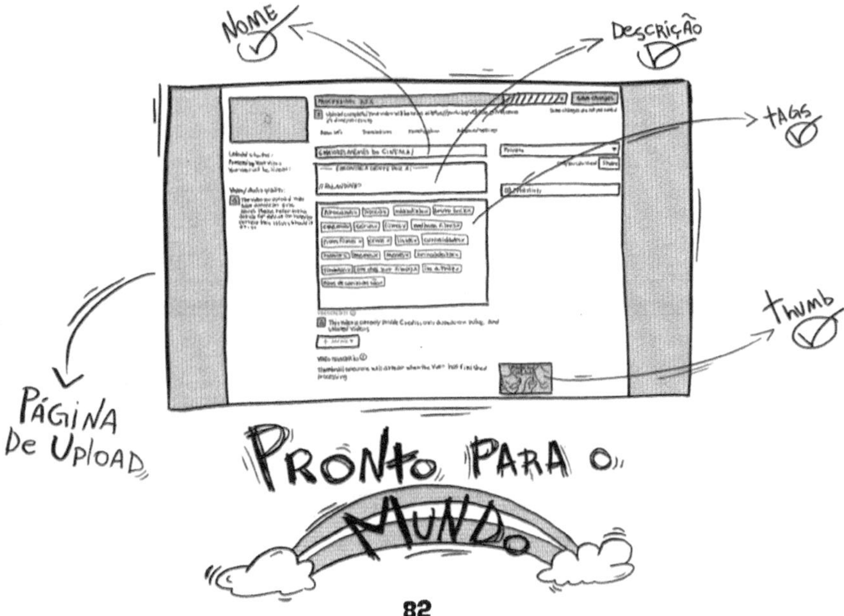

SÉTIMA PARTE: FEEDBACK E ANÁLISE

O vídeo agora está sendo visto por milhares de pessoas. É uma sensação incrível de missão cumprida ver os comentários, likes e visualizações subindo, o seu trabalho sendo espalhado por todos os cantos da internet. É muito legal! Mas engana-se quem acha que acaba por aqui. O feedback do público é muito importante e nós nos reunimos frequentemente para discuti-lo. Lemos os comentários, analisamos a aceitação e, com isso, decidimos os próximos vídeos e passos do canal.

Os dados que o YouTube disponibiliza de curva de atenção, faixa etária, gênero, região e várias outras informações também são essenciais para que a gente entenda como nosso conteúdo é consumido e em quais pontos nós todos podemos melhorar. Essa é uma etapa constante, executada por diversos membros da equipe e que ajuda todos nós a estabelecer novas metas e a corrigir nossos erros.

E aí, imaginava que dava tanto trabalho para um vídeo nosso chegar até você? E olha que muitas partes do trabalho não entraram na relação — a preparação e o estudo para gravar as listas, o trabalho do comercial para vender o conteúdo e muito mais. Mas não fique achando que nós sofremos muito por trabalhar tanto: todos aqui adoramos o que fazemos e, quando um vídeo fica incrível, é elogiado ou alcança milhões de pessoas, a equipe toda vibra junto!

EQUIPE 

ESCALANDO O BATALHÃO

Com certeza montar uma equipe é um dos trabalhos mais difíceis que existem na produtora. A equipe é sua matéria-prima para a produção de um vídeo, e é com ela que você vai passar a maior parte do seu tempo. Então você precisa tomar cuidado com alguns tipos de perfis que, por mais que sejam de pessoas produtivas, talvez você não iria querer dentro da sua casa. Eu digo isso porque em uma empresa normal você trabalha com pessoas que nem sempre conhece bem ou com que tem intimidade. Mas na Blues eu te garanto: quando a pessoa não acordava para uma reunião depois de uma madrugada virada, eu costumava buscá-la na casa dela. Lembro de pular a janela da casa do Rolandinho para acordá-lo antes de uma reunião importante. Intimidade é algo que prezamos, e não sei separar o trabalho do pessoal. Sei separar o pessoal do mimimi. E aqui não tem lugar para mimimi!

Eu brinco que montar uma equipe é como trabalhar com soldados, ou mesmo com marinheiros em uma embarcação. Eu não imagino um capitão gritando para um marinheiro caçar a corda, e este respondendo com outra pergunta: "Essa corda? Tem certeza?". Por um motivo muito simples: o barco vira!

Uma instrução muitas vezes não pode ser questionada, ainda mais quando estamos em um "deadline".

O relacionamento em uma produtora passa distante do que acontece em grandes empresas. Acho que é mais próximo de um ateliê ou outro lugar que envolva um processo artístico. Porque o foda é trabalhar com criação, onde reside toda a possibilidade de sucesso e de fracasso. Nesse ambiente, somente os bons sobrevivem.

> **DEADLINE** — *PERÍODO TERRÍVEL DE INTERVALO QUE EXISTE ENTRE A SUA GASTRITE VIRAR ÚLCERA E A ENTREGA DA PRIMEIRA VERSÃO DO TRABALHO. NESSAS HORAS, É NORMAL OS SOFTWARES TRAVAREM, O HARDWARE ESQUENTAR E TODO TIPO DE ZICA ACONTECER. NESSE PEQUENO LAPSO DE ESPAÇO E TEMPO, ESTÁ A SUA OPORTUNIDADE DE FERRAR OU MELHORAR SUA CARREIRA.*

Em uma equipe, não importa que faculdade você tenha feito, se você estudou em NY ou no Google, o que importa é seu portfólio. *Show me your reel!* Na verdade, quanto melhor for a sua faculdade, mais você precisará provar o quanto você é bom. Porque eu trabalhei com diretores de arte e designers na equipe que são muito competentes e nunca pisaram em uma faculdade.

Então, por que um cara vesgo com uma câmera na mão pode bombar mais que um programa de domingo da TV?

Produtos diferentes, interessantes e surpreendentes são criados a todo momento. O seu lucro, amigo, está na inovação e na criatividade, em fazer algo que ninguém fez ainda. Pense nisso! De quanta dedicação alguém precisa para fazer algo realmente importante na vida?

Mais de 500 horas de vídeo são upados por minuto no YouTube, porém 90% do tráfego é de apenas 5% dos canais. Sabia disso?

Produzir conteúdo para uma plataforma on demand, ou seja, em um ambiente onde o cara escolhe o que assiste, traz o desafio de ser "relevante", ter a mensagem mais importante! A equipe precisa ter uma sintonia em tempo real com o que acontece na internet para estar ligada em tudo o que rola no projeto e também com a demanda do público.

Outra metáfora que costumo fazer é a de um time de "elite" de algum esporte. Sabe aqueles atletas de alta performance? A equipe que criamos precisa ter um ritmo parecido. Eu sempre levei minha carreira a um nível quase igual ao de um esportista buscando o maior rendimento e a maior qualidade. Para você conseguir entregar um conteúdo de qualidade com a velocidade de que o cliente precisa, é necessário muito mais que inspiração, é necessário transpiração!

Existe um momento na madrugada, acho que próximo ao nascer do sol, quando você já está há muito tempo trabalhando e sem dormir, que toda a sua felicidade parece ser sugada pelo crepúsculo. Nesse momento, costumo ser acometido por um gigantesco e pitoresco mau humor dos infernos!

Produzir um bom vídeo, no final das contas, se trata de detalhes.

É fácil assistir a um vídeo que as pessoas sabem que está ruim, mas não sabem por que não gostaram. Isso é a soma de vários "detalhes". Modulação do áudio, correção de cor, ritmo dos cortes, coisas que um amador não saberia listar. Mas o vídeo é produzido para amadores assistirem, então arrume uma equipe que saiba ouvir a opinião dos outros, porque todo mundo vai dar pitaco no seu trabalho.

A grande chave para conseguir algo de qualidade nos prazos loucos do dia a dia é contar com uma galera preparada para ter atenção e cuidado seja na hora que for, especialmente às 5h30 da manhã, morrendo de sono, com os olhos ardendo e muito, muito, muito mau humor. E vou te falar que tenho encontrado pessoas incríveis para trabalhar. Pois, nos últimos projetos, me lembro de as pessoas estarem bem empolgadas nessa hora do dia.

O treinamento Jedi que fazemos com a equipe (o Rolandinho é um Jedi) é mais do que simplesmente físico, porque ela precisa estar apta a ficar "de boinha" para conseguir, por exemplo, verificar a cópia final de um vídeo nesse estado de sono absurdo. A cópia final é aquela que você sobe pro YouTube ou manda pra TV. Se nessa cópia tiver um errinho que seja, vai para o ar. Sendo assim, a revisão desse material precisa ser feita por pessoas que conseguem manter a atenção e dançar o créu em cima da mesa nas mais loucas madrugadas.

Isso parece meio torturante para você? Imagine que não é!

A nossa equipe é formada por um esquadrão de nerds. Pessoas que, como eu, sempre quiseram estar ali. Gente que sonhou em trabalhar com YouTube, em produtoras, e agora pode realizar isso. E praticamente sem um chefe com pensamentos "velhos". O público manda e você obedece. Parece um sonho, o clima não pode ser melhor! Pois nas empresas "normais", as pessoas parecem estar ali, na sua maioria, porque precisam. Elas têm filhos, pagam contas e já venderam seus sonhos há muito tempo. Eu me orgulho de fazer parte do time de pessoas que não topam se vender nesse nível... ainda! Não sei se em algum momento estarei lendo este livro e rindo do meu jeito de pensar, mas hoje é assim.

Bom, para montar a equipe, você começa chamando os seus melhores amigos, claro! General e Marechal. Quem mais entraria nessa furada com você senão o primeiro comando dos caras mais loucos da sua infância? Os malucos que viram três noites no videogame sem trocar o pijama e sem comer nada sólido? Os mestres das lan houses? Level 32 no CS? Com o Samuel e o João, foi assim.

Todo mundo que entrava na equipe recebia uma porcentagem do faturamento da produtora, assim todos dividiam também o risco. Se o mês fosse bom, geral ganhava. Se fosse ruim, perdia. Depois de um tempo, você percebe que esse modelo fica caro de manter. Apesar de os seus amigos serem pessoas em quem você confia, em algum momento a tribo desanda só tendo caciques. Fica difícil gerenciar.

Não acredito que hierarquias sejam realmente importantes em qualquer atividade da vida, mas percebi o quanto elas são importantes para quando você tem um objetivo e quer resultados excepcionais. O auge disso é uma guerra! Você quer dos soldados o melhor que eles podem ser, pois vão defender o seu país. Bom... a referência é essa, amigo!

Algumas pessoas perguntam: Como vocês aguentam trabalhar tanto? Eu não sei a resposta, mas a questão é que não me sinto como se estivesse trabalhando. Na verdade, eu que não sei como as pessoas aguentam trabalhar tanto por algo em que não acreditam e às vezes odeiam.

O limite do rendimento da equipe é próximo à capacidade das pessoas de se dedicarem quase que inteiramente ao projeto. É por isso que na produtora sempre tivemos camas, beliches... Eu morei na produtora, o Rolandinho morou na produtora, e por que não outras pessoas? Muita gente de longe trabalha conosco, e em uma guerra, meu amigo, os soldados precisam de água e descanso, senão fica foda!

A pizza e o sanduíche na produtora sempre foram livres, ou seja, qualquer um pode pedir. Você negaria água a um soldado abatido em uma guerra? Eu trabalhei com agências que não pagavam jantares para funcionários que viravam madrugada, e já vi equipes desmotivadas por besteiras. Disponibilizar comida para sua equipe não me parece nenhum luxo. Alguém pode comer muito? Só o Fodones, que eu proibi de pedir borda e pizza doce! Mas isso é detalhe de arquivos de missões passadas.

A galera trabalha muito, mas a dedicação não se limita a fazer um bom trabalho e agradar o chefe. A equipe chega a um nível de comprometimento em que a relação é direta com o público. Por exemplo, o editor tem uma conta no Twitter onde as pessoas podem interagir com ele, e todos sabem quem faz parte da nossa equipe, pois isso é parte do canal. Sendo assim, o comprometimento passa a ser ainda maior de quem integra a Blues. O trabalho é avaliado e tem feedbacks do público o tempo todo. E, amiguinho... o público não perdoa! Qualquer erro que passaria batido por um cliente pós-graduado não passa por um hater de plantão. Então, a tropa de elite precisa ter autoestima para não se abalar com comentários negativos!

Esse pelotão com quem eu trabalho hoje monta campana próximo à produtora. São dez pessoas morando em uma casa. Eu mesmo moro com outras quatro pessoas. É bem bacana essa parte, mas pode ficar para outro livro. Morar perto do trabalho nesse esquema louco é algo que aprendemos ser necessário!

Qualquer coisa é motivo de brincadeira com pessoas com idade em torno dos 20 anos (e idade mental próxima aos 16, acho!). Aqui não rola zoeira, provocação, chatice. Aqui impera a famosa Bullying Arte!

> **BULLYING ARTE:** *SABER ZOAR O AMIGUINHO SEM OFENDER A PONTO DE O AMIGUINHO NÃO MAIS QUERER SER SEU AMIGUINHO E CRIAR UM TRAUMA PROFUNDO NO CORAÇÃO. QUALQUER COISA PODE SER USADA COMO FERRAMENTA NESSA MODALIDADE. NÃO ESTÁ INCLUSO OFENDER A MÃE E BRINCADEIRAS COM A IRMÃ NESSA MODALIDADE.*

Não pode ser humilhante, o objetivo é criar um ambiente divertido, uma maior empatia e intimidade.

Para quem está montando a sua equipe, recomendo que comece convidando seus amigos para trabalhar com você. E, depois, os amigos dos amigos, e os amigos dos amigos dos amigos. Isso pode ser um fator importante nessa batalha, mas talvez não seja o caso de discutirmos aqui o que é amizade de verdade. Afinal, isso daria outro livro, também.

Uma coisa muito interessante dentro da Blues é que não tem nenhum funcionário que faz apenas uma função, e todos são extremamente talentosos. Alguns exemplos:

- O Jack entrou na produtora para trabalhar no setor de atendimento, virou produtor, depois roteirista e hoje é responsável por parte da arte, que inclui a maquiagem e o figurino. Trabalha como locutor e apresentador.
- Lucas Apê entrou como apresentador e roteirista, virou editor e hoje é atendimento e repórter do Pipocando.
- João Arthur entrou para ser nosso editor, fez roteiro, dirigiu e gerenciou. Hoje é nosso braço direito na produção dos vídeos.

Você provavelmente já viu esses dois grandes caras em um de nossos vídeos, não é?

EQUIPAMENTOS 

1.000 IDEIAS NA CABEÇA E UM "TELEFONE" NA MÃO

Eu acho engraçado quando ouço a máxima do Cinema Novo: "Uma ideia na cabeça e uma câmera na mão." Hoje passam 1.000

ideias por minuto na cabeça e cada um tem um dispositivo móvel na mão para não apenas gravar os vídeos, como divulgar instantaneamente nas redes sociais tudo o que se registra.

Você consegue imaginar o que era tirar várias fotos iradas de uma viagem e não mostrar pra ninguém? Ou a frustração que eu sentia quando se é jovem e faz curtas-metragens muito insanos com meus amigos em VHS e depois ninguém assistir? Hoje a coisa é bem diferente e me sinto grato por participar desse movimento de poder produzir e divulgar um conteúdo para o mundo todo.

É verdade que, de lá pra cá, os equipamentos ficaram mais acessíveis. Eu vivi essa mudança radical de várias tecnologias. A grande revolução que mais afetou todos os projetos da Blues, com certeza, foi a mudança do uso de câmeras com tecnologia magnética de "fitas" para câmeras digitais com grandes sensores e uso de lentes cambiáveis. Muito parecido com o jeito de se fazer cinema. Claro que quem sentiu essa revolução mesmo foi o mercado profissional ou semiprofissional de vídeo. Talvez isso não faça sentido pra você, mas é legal saber a história recente dos equipamentos que você usa.

Você já deve ter percebido que a galera usa câmeras de fotografia para filmar. Vamos deixar claro que, quando eu digo "filmar", não me refiro a usar filme, mas ao ato de "gravar". As câmeras fotográficas de grandes sensores viraram febre entre os videomakers. Elas podiam fazer imagens com qualidade semelhante à das câmeras de cinema, apenas com certas limitações. O Pipocando mesmo, até então, é gravado com duas dessas câmeras. Elas não gravam áudio com qualidade, por isso a gente precisa usar um dispositivo para captar o som separadamente. Afinal, áudio é muito importante!

No Pipocando, usamos microfones de lapela. São uns bem pequenos, que ficam presos nas camisetas, mais precisamente nas golas. Esses mics são legais porque garantem um bom áudio sem precisar de alguém operando ou mesmo um lugar para apoiar. Os microfones de lapela são caros, então você pode começar com microfones de lapela com fio, que têm valores mais acessíveis, porém são muito delicados. Tipo assim, fácil de quebrar! Ou você pode usar o microfone do próprio fone de ouvido, aquele que fica pendurado. Prenda com uma fita-crepe, improvise. Isso é mais normal do que você imagina. No final das contas, todos os "hacks" e improvisos valem a pena, pois uma verdadeira filmadora com qualidade profissional tem um valor vinte vezes maior.

Eu sempre fui acostumado com vídeo. Nasci na era do VHS, VHS-C, S-VHS, Super8, Digital8, MiniDv, HDV, entre outros padrões de câmeras de 1 e 3CCds, com as quais trabalhei. Elas eram câmeras grandes, parrudas e tinham algo em comum: você gravava e a imagem ficava um lixo! Isso é louco, porque você se acostumava com um padrão muito baixo de imagem. Você não tinha profundidade, as cores não tinham reprodução fiel, ou seja, uma decepção! Você se matava pra fazer um vídeo e nunca ficava com a cara dos filmes que você amava, dos comerciais que você via, de nada parecido. A cara era de vídeo caseiro mesmo! Hoje as câmeras de fotografia são a Fórmula 1 do videomaker. São jatos em um hangar que era cheio de teco-teco. É só gravar com carinho e cuidado e fica lindo. Essa é a impressão! Quem viveu a transição sabe como isso foi fundamental para o mercado de produção independente. E ainda é.

Equipamento nunca foi problema no início do Pipocando. O canal começou dividindo com a Blues. Como era um projeto que rolava sempre depois do horário do trabalho, a divisão de equipamentos funcionava. E, claro, "emprestávamos" um pouco do tempo de todo mundo. O diretor de arte fazia as vinhetas de abertura no horário de almoço, o editor ajudava com algum corte no fim de semana. Mas eu gosto de deixar claro que o equipamento não é mais um problema e não deve ser.

Não seja aquele amigo babaca que compra a melhor guitarra sem nunca ter tirado um solo! Produza com o que você tem! Lembre-se de grandes youtubers que fazem seu trabalho com o que está à disposição e conseguiram conquistar muitos fãs.

Sempre penso que uma ideia é mesmo boa quando ela é viável de se realizar. Então eu gosto de projetos em que o cara fatura pesado e tem uma estrutura muito enxuta. Talvez porque esse não é nosso caso e nunca foi. Toda a grana que ganhamos no primeiro ano foi investida em equipe e a maioria dela ainda é. Mas dentro dessa nossa megalomania, às vezes sinto inveja dos youtubers gamers, que sobem três vídeos de Minecraft por dia e fazem mais visualizações que qualquer outro canal. Você sabe do que estou falando?

Se eu tiver que lhe dar uma dica de qual equipamento comprar primeiro, eu diria para você investir em um bom computador. Porque sem dúvidas o principal é ter um lugar para escrever suas ideias. Tudo começa no roteiro, tudo começa no papel. E uma boa ideia pode ser resolvida com a própria webcam do seu computador. Eu insisto que tecnologia não é mais o desafio. O difícil hoje são boas ideias, viáveis de se realizarem, histórias interessantes, histórias inspiradoras que mereçam ser contadas, sacou? Um bom teatro, por exemplo. Uma cena. Ela acontece a partir de um roteiro, que vem de uma ideia.

A ideia inicial, ou premissa, que pode ser contada em duas linhas ou até menos, talvez seja o mais importante de todo o processo. Outra coisa que eu recomendo é um bom dispositivo móvel. Sei lá como isso vai se chamar daqui a alguns anos, mas sem dúvida, se eu tivesse pouco dinheiro e pudesse investir em apenas um equipamento, compraria um celular com uma câmera louca. Hoje em dia você pode ser youtuber, viner, instagrammer com um deles. Um comunicador de verdade não impõe limites a sua plataforma. Amigo, escreva na areia da praia, faça um vlog com sua Tekpix, se vira! Cinema sempre foi improviso! Suspeite se sua desculpa para não produzir seja a falta de equipamentos necessários. O Chacota começou com vídeos feitos praticamente em celular e sucatas de eletrônicos.

O microfone é uma treta e sempre foi. Áudio, amiguinho, é o mais importante. Você conta mais história com o som do que com o vídeo. Então, preocupe-se com o áudio acima de tudo, ok?

Inspire-se com projetos simples! Assista a grandes viners, como são criativos e fazem coisas fodas com tão pouco. Não tenha ideias absurdas que são impossíveis de realizar. É provável que, se sua referência for cinema americano, por exemplo, mesmo com equipamentos tão bons e acessíveis, você ainda vá se decepcionar.

Se chegar ao ponto de você não ter câmeras, microfones nem tripés, e ainda assim estiver inspirado depois de ler este livro, junte seus amigos, monte uma peça de teatro, organize uma cena. Deixe tudo ensaiado, cronometrado, lindo. Depois é só conseguir os equipamentos e filmar. A parte técnica tem um preço. Uma diária é calculada com base no tamanho da equipe e em quantidade de horas de trabalho. Mas a boa ideia, ah, essa não tem preço!

A boa ideia engaja pessoas. Para um projeto autoral, ou seja, sem nenhum patrocinador, é comum pessoas se envolverem sem cobrar nada. Pelo amor à arte. Essa é a beleza da profissão! Use isso a seu favor. Vamos falar também da comunidade do YouTube mais à frente, que herda essa cultura do *let's do it!*

A iluminação é um fator preocupante, por mais que as câmeras sejam bem sensíveis. Porém, é possível fazer boas fotografias com luz natural, usando espelhos ou lâmpadas comuns. A realidade é que hoje em dia dá para se iluminar com basicamente qualquer coisa. Você pode corrigir cor no programa de edição e não precisa interagir com luz natural. Não vou explicar aqui correção de cor, mas tudo pode ser pesquisado na internet e todas as informações sobre fotografia de cinema e vídeo estão à disposição de todos. É importante dizer que começamos iluminando nossos projetos com luzes de jardim. Isso mesmo, de jardim! Aquela que fica mais quente que o Inferno e que pode estourar na cara dos amiguinhos. Então fuja dessa, essa é a dica do He-Man. Eu aconselho você a usar lâmpadas halógenas, frias, brancas. Aquelas que não esquentam. Tem vários modelos simples e baratos. No Google, há instruções fáceis de como fazer e montar seu próprio refletor.

Nosso equipamento de luz é simples. Atualmente, usamos dois refletores: um contraluz e um luz frontal. E um rebatedor. Isso não é usual, mas, como simulamos uma sala de TV, faz sentido a falta do terceiro refletor. Iluminar pode ser algo muito divertido, e você vai ver, com o tempo, como isso é importante.

Um diretor de fotografia é alguém que se preocupa somente com iluminação e imagem. Ele é responsável pela sua equipe de assistentes, eletricistas e contrarregras. Mas como você provavelmente estará dentro de um quarto e não em Hollywood, você mesmo será o seu fotógrafo quando montar seu próprio projeto.

No Pipocando, usamos um equipamento muito interessante chamado TelePrompTer e apelidado de TP. O TP é um santo, acredite! Ele salva, ele cura, ele muda a vida do trabalhador! Eu cheguei a essa conclusão depois de descobrir, em uma madrugada, um TP barato à venda na internet.

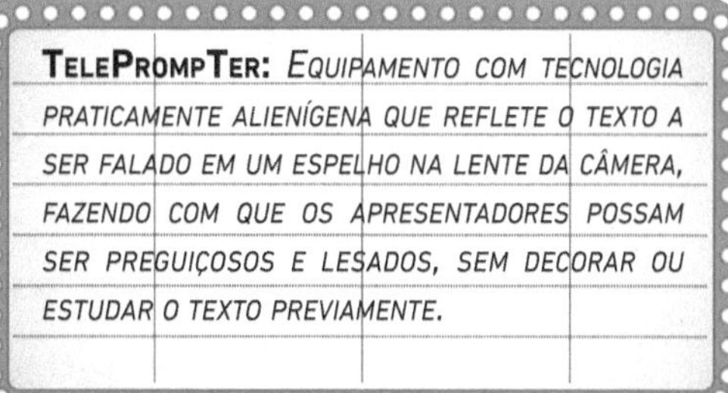

O TP ajudou muito, pois somente com ele poderíamos produzir tanto conteúdo. Sabe por quê? Vou te explicar. Quando você grava com um apresentador, se ele precisa decorar um texto antes, ele provavelmente vai errar, improvisar, sair do combinado. A gravação de textos longos fica pesada, cansativa e muito demorada. Era normal termos uma hora de material bruto para um vídeo de 5 minutos. Mais material, mais tempo de ilha! Então, com as letrinhas passando no TP, os apresentadores falam exatamente o texto. Claro que podem fazer brincadeiras e improvisos, mas o material gravado é muito menor. Normalmente, para um material de 5 minutos, você terá um bruto de 10, 12 minutos. O tempo de edição e gravação é infinitamente menor. Com um TelePrompTer, acessível em uma versão tosca de aplicativo para iPad e iPhone, podemos gravar de quatro a cinco programas em um único dia. E ninguém precisa decorar nada! Essa foi a chave para uma produção tão quantitativa, que permitiu uma grade diária no Pipocando.

Quanto à edição, eu sempre recomendo um computador. O melhor que você consiga comprar!

"ILUMINAÇÃO"

o REBATEDOR
SERVE PARA
REBATER A LUZ
(E PRA DEIXAR O
ROLANDINHO MAIS
BONITO)

A SOFTBOX
ILUMINA
A FRENTE
PRA NÃO
DEIXAR OS
"MENINO
BOM" NO
ESCURO

O CONTRALUZ
ILUMINA POR TRÁS
E É MUITO IMPORTANTE
PARA DESTACAR O
CONTORNO DO CORPO

"CENÁRIO"

ESSE PANO
NÓS USAMOS
NO CENÁRIO
(É QUASE UMA
CORTINA VELHA
DA VOVÓ)

NADA COMO
UM BOM POSTER
PRA DAR UMA
OUTRA CARA PRO
CENÁRIO!

BATMAN

A CÂMERA FICA AQUI DENTRO
NÃO esquece DA LENTE
SEM A CÂMERA fica DIFÍCIL SAIR ALGO
O TP SERVE PRA QUE OS APRESENTADORES VEJAM O ROTEIRO
GRAVAÇÃO
O TRIPÉ serve PRA, bem, SEGURAR A FAMIGERADA CÂMERA
NÓS USAMOS UM Notebook PRA PASSAR OS ROTEIROS PRO Tp
ÁuDio
OS FONES SERVEM PARA MONITORAR A GRAVAÇÃO
O GRAVADOR Serve PARA CAPTAR o SOM DO MICROFONE DE LAPELA
Isso são PILHAS. Acredite ELAS são Muito IMPORTANTES!

ESTÚDIOS 

Demorou um tempo para descobrirmos o valor de ter um estúdio. O famigerado estúdio não é nada mais que um lugar para você criar e produzir seus vídeos. Criações mais complexas precisam de cenários e lugares com espaço e profundidade de campo para colocar tripés, luzes e câmeras. Existe um mito de que os estúdios precisam ser grandes, ter um pé-direito gigante, mas isso não é necessariamente verdadeiro e eu aprendi rápido. Qualquer canto de uma sala pode virar um estúdio. Um cenário perfeito é construído com bom gosto e nada mais. Tudo pode ser usado como objeto para compor um cenário, e pode ser mais fácil e divertido do que você imagina.

O primeiro que montamos era bem pequeno. E, quando batizamos esse espaço de estúdio, precisamos garantir algumas coisas, como, por exemplo, estes três itens:

ACÚSTICA

Um bom tratamento acústico custa muito caro. E, se estamos falando de montar projetos com pouco dinheiro, pensar em isolar um lugar de ruídos externos é algo bem difícil. No começo, gravávamos à noite, pois o barulho dos carros durante o dia atrapalhava muito. Se você olhar as fotos do nosso estúdio, vai se questionar: por que eles colocam aquelas "caixas de ovos" nas paredes? Bem, elas servem para eliminar o "eco" da sala. Quanto ao piso, utilizamos uma forração simples e barata, para ajudar a diminuir a reverberação e melhorar a acústica, além de dar um conforto.

Casa 1

Casa 2

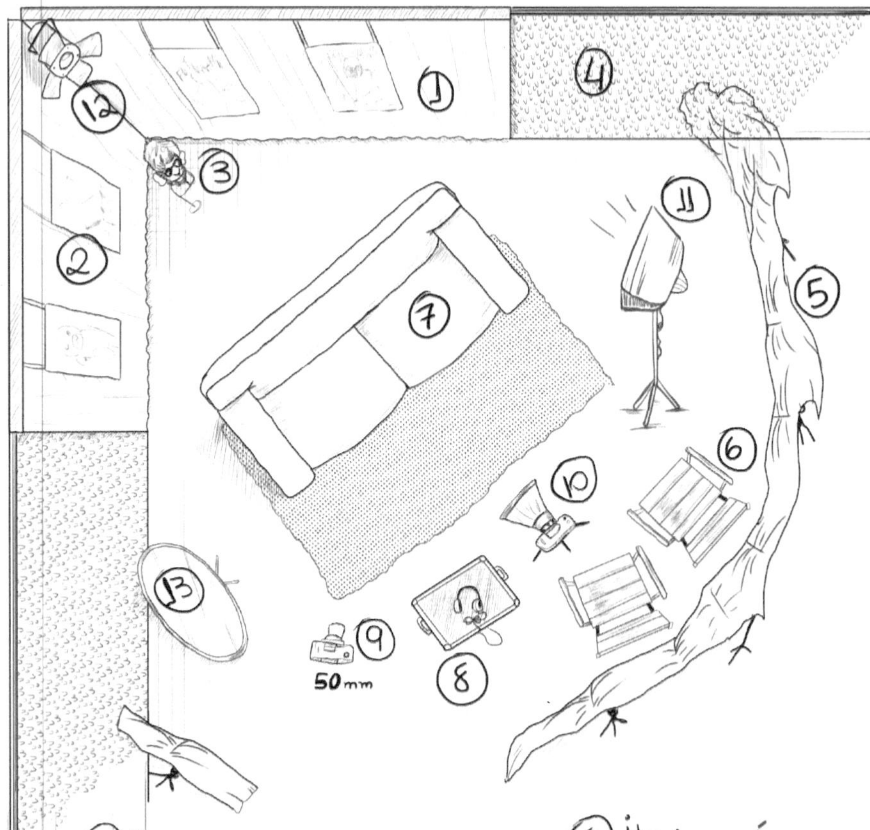

1. Pano da Vó
2. Posters
3. Máscara
4. Sonex*
5. Manta Acústica*
6. Cadeiras Direção/Produção
7. Sofá
8. Itens de Áudio
9. Câmera Close**
10. Câmera Geral***
11. Softbox
12. Contraluz
13. Rebatedor

* Essas paradas servem para abafar o som
** Lente 50mm, também conhecida como "Cinquentinha"
*** Lente 24-70mm, conhecida como "Meu Deus, preciso disso na minha vida"

GRID OU TRIPÉS

Em um estúdio, você precisa escolher se quer trabalhar com tripés ou montar um grid. Um grid nada mais é do que algumas barras de ferro ou alumínio no teto para prender os refletores. É simples e evita tripés no meio do caminho. Em um estúdio pequeno, economia de espaço é essencial.

ELÉTRICA

Você vai precisar de muita tomada e colocar alguns refletores ou lâmpadas que puxam energia. Se informe se o quadro de luz aguenta a quantidade que você pretende utilizar. Normalmente, um profissional vai te recomendar a instalação de uma caixa de luz independente, assim como a troca da fiação para um padrão mais grosso. No Pipocando, usamos pouca luz, aproximadamente 1,5 quilowatt. Para isso, nem precisaríamos de uma grande reestruturação na parte elétrica. Porém, colocar dezenas de pontos de tomada é necessário.

Prestou atenção nesses três itens? Pois é.

A gente costuma dizer que um estúdio de gravação é um lugar sagrado.

Existe uma densidade no ar no dia de gravação que pode ser sentida por qualquer um que está dentro do estúdio. As pessoas estão ligeiramente tensas e muito concentradas. Qualquer assunto que não tenha relação com o trabalho é imediatamente ignorado. Esse clima é necessário. Afinal, é dentro desse território que a magia acontece. E é o último momento em que algo pode ser mudado. Se cada profissional fizer a sua parte e houver uma ligação entre eles, tal qual um Megazord, o robô do seriado *Power Rangers*, a missão de gravar o que for preciso será concluída com sucesso.

Nesse lugar, não pode ter alguém te chamando. Celulares são proibidos. Não pode ter interferência nem dos aliens!

No Pipocando, o cenário é montado de acordo com o projeto. Usamos paredes de pano. São leves e fáceis de carregar pra cima e pra baixo. Então, em um local pequeno, você não vai construir "tapadeiras", que são como paredes falsas. Você vai usar as paredes que existem e montar um cenário fixo, pois "fixo" é a chave para deixar tudo fácil e barato. Afinal, montar o cenário, as luzes e o microfone pode demorar mais tempo do que gravar o conteúdo em si. Sendo assim, o ideal é deixar tudo pronto. Luzes no grid ou tripé, câmeras preparadas e no lugar marcado. Assim, na hora de gravar, você vai precisar de menos gente.

CURIOSIDADES 

OS VÍDEOS PERDIDOS E DELETADOS

Agora você está prestes a conhecer o lado sombrio e obscuro do Pipocando. Prepare-se para saber dos segredos mais misteriosos desse projeto: OS VÍDEOS PERDIDOS E DELETADOS!

Falando sério, nós temos mais de dois anos de canal e passamos os 600 vídeos publicados. Mesmo assim, quase todo o conteúdo que publicamos ainda está on-line, até os vídeos de qualidade duvidosa ou com erros absurdos — trataremos desses no próximo capítulo.

Mas existiram, sim, alguns vídeos que foram retirados do ar. Foram casos pontuais e extremos, nos quais se fez realmente necessária a retirada. Essas decisões foram tomadas pela alta cúpula do Pipocando, em reuniões secretas que aconteceram na madrugada, com os membros honorários em posse de seus charutos e doses de conhaque sentados em

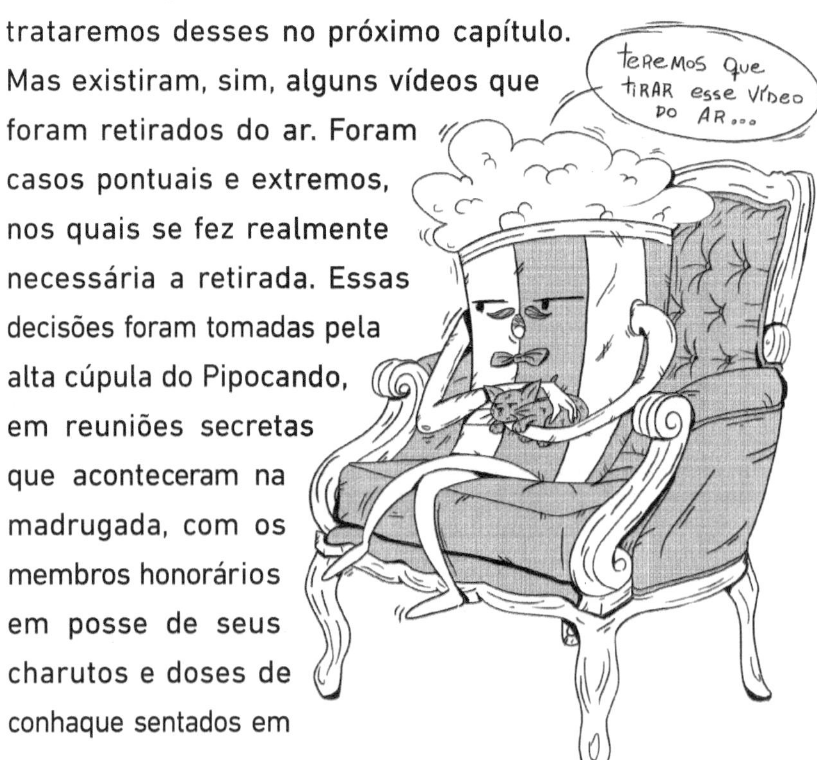

poltronas assustadoramente imponentes. Tá, é mentira. Na maioria das vezes, a gente decidiu em discussões que aconteciam no meio de todo mundo, com um monte de gente dando pitaco. O que importa é que esses vídeos estão até hoje privados no canal do Pipocando e eu revelarei agora quais são eles! Preparados?

AS MORTES MAIS ENGRAÇADAS DO CINEMA!

Esse foi um dos primeiros vídeos publicados na história do canal e alcançou mais de 800 mil visualizações. Foi um verdadeiro sucesso! Porém, hoje em dia, ele não pode mais ser encontrado no YouTube. O motivo? Simples: ele é uma cópia! Não totalmente uma cópia, mas o conteúdo dele é bem parecido com o de um vídeo gringo. O que acontece é que no início do projeto nós só tínhamos dois funcionários — nós mesmos! O Bock e eu precisávamos cuidar de tudo, inclusive de todos os roteiros. E foi assim que o Bock, enquanto escrevia o vídeo, usou de "inspiração" o conteúdo do canal gringo. Só que ele acabou exagerando um pouco no nível de inspiração e muitos itens da lista ficaram praticamente idênticos aos do original. O tempo passou, esse vídeo ficou para trás e nós nunca mais usamos nenhum conteúdo pronto como base, apenas como pesquisa. Um belo dia, o Bruno Marossi, nosso atendimento e comercial, recebeu um e-mail todo em inglês falando sobre esse tal vídeo das "MORTES MAIS ENGRAÇADAS DO CINEMA". Era um e-mail do canal gringo! E esse canal é um dos maiores do YouTube mundial! Olha, que surreal: o

Pipocando cresceu tanto que acabou incomodando os americanos! Não é demais?

Quando nós assistimos ao vídeo novamente, constatamos as semelhanças absurdas e, claro, obedecemos ao pedido e o tiramos do ar. Para falar a verdade, ficamos lisonjeados de receber esse e-mail — foi mais um sinal de que o Pipocando estava grande de verdade!

AS 5 TRETAS MAIS SINISTRAS DO BRUCE LEE!

Outro vídeo que remonta aos primórdios do canal, com mais de 150 mil visualizações, é sobre um cara que nós adoramos — o Bruce Lee! Era divertido, interessante e com um tema muito legal. Só tinha um problema: a última "treta" da lista era com o Bruce Lee errado!

A história é a seguinte: o Bock montou essa lista porque é um grande fã do cara. Foi uma ideia muito legal e todos a apoiaram. Porém, na hora da pesquisa, ele usou uma ferramenta excelente para quem produz conteúdo de cinema, o IMDb, que é um site com o registro de todas as produções audiovisuais, seus elencos, equipes técnicas, produtores e diretores, além de informações gerais como nota do público, valores de orçamento e arrecadação, essas coisas. Lá, o Bruno pesquisou "Bruce Lee" para encontrar filmes do cara que ele ainda não conhecia — a ideia era encontrar cenas que as pessoas ainda não tivessem visto. Só que ninguém imaginava que existia outro Bruce Lee que também lutava e que também fazia filmes de briga. QUAL A CHANCE? Pois é, mas existe, e foi uma cena dele que apareceu como último item da nossa lista.

Gravamos, editamos e publicamos o vídeo. Demorou dias até a primeira pessoa notar que o oriental da cena não era o Bruce Lee verdadeiro. Quando a gente descobriu, rachamos de dar risada e zoamos o Bock por alguns dias (ignorando totalmente o fato de que todos nós vimos as imagens e não reparamos também — é, a zoeira não tem limites, mesmo).

STAR WARS VS STAR TREK COM DAMIANI

Gravei esse vídeo com o youtuber Damiani, um grande amigo meu. Era, basicamente, um duelo entre *STAR WARS* e *STAR TREK*, com o Damiani defendendo *STAR WARS* e eu defendendo *STAR TREK*, claro. Com certeza, um vídeo divertido — o Damiani é muito engraçado e a gente brincou muito, imitamos personagens, tiramos sarro um do outro, foi hilário. Foi, não é mais, porque não está mais disponível para assistir.

O problema com esse vídeo é que, apesar de ser uma grande brincadeira, nós dois acabamos falando mal das duas franquias e, como você sabe, os fãs às vezes são bastante extremistas. Muita gente aceitou mal as brincadeiras e começou uma verdadeira guerra nos comentários. No fim, o que era para ser uma grande descontração, virou motivo para todo mundo tretar. Depois de alguns dias de muita intriga, nós resolvemos privar esse vídeo.

Hoje, eu já gosto bem mais de *STAR WARS*. Ainda prefiro *STAR TREK*, pois sou alucinado por ficção científica, principalmente as que têm um compromisso maior com a coerência tecnológica. E porque *STAR TREK* é melhor que *STAR WARS*.

FILMES DE HERÓIS — NOSSA OPINIÃO

Esse item é uma dobradinha. Junto com esse vídeo, retiramos do ar um making of que se chamava "AVANGERSSSSS", também. Nesses dois episódios, nós expusemos, de maneira bastante descontraída, nossa opinião sobre esse novo gênero de filmes que vem ganhando cada vez mais espaço no cenário cinematográfico, as franquias sobre super-heróis.

Acontece que, assim como no caso do vídeo de *STAR WARS VS STAR TREK*, os fãs alucinados caíram em cima e ofenderam a gente pra caramba! Nós não mudamos a nossa opinião sobre esse gênero, nem as críticas sobre a gente mudaram. Até gostamos dos filmes de super-heróis (alguns mais que de outros, claro), mas não é nosso gênero predileto. O que foi decisivo pra gente tirar o vídeo do ar é que as próprias pessoas estavam brigando muito nos comentários e o propósito do vídeo, que era de entretenimento, informação e diversão, foi perdido.

Nós ainda transmitimos essa mesma opinião em diversos outros vídeos, mas os que eram focados no assunto não estão mais no ar.

Além dos vídeos que foram removidos, alguns outros foram perdidos na edição por problemas técnicos ou regravados. Um caso engraçado foi o do vídeo "5 FILMES PARA ASSISTIR COM SEUS PAIS". Ninguém sabe, mas dois itens desse episódio foram regravados! O que aconteceu é que fizemos uma publicidade nesse vídeo e, por azar, nós acabamos errando dois dos cinco itens da lista, portanto precisamos regravá-lo para deixar do jeito que o cliente queria! O problema maior foi que nós estávamos nos mudando nessa época, então precisamos sair da casa nova, ir até os estúdios antigos — que ainda estavam montados — e regravar tudo lá. Nesse dia, para piorar, o Stage esqueceu uma peruca que já tinha aparecido no resto da lista. Ele precisou voltar e procurar essa maldita até achar! Ficamos um tempão ajustando tudo para que ficasse perfeito e não percebessem a diferença. E não é que ninguém reparou?

ERROS QUE AINDA ESTÃO NO AR

Você acha mesmo que um canal com vídeos todos os dias, há mais de dois anos em funcionamento, não teria um erro ou outro perdido por aí? Pois é, nós colecionamos alguns. Nada grave: alguns são de edição, outros são pequenos erros em datas e títulos. A maioria deles está em vídeos antigos, porque, conforme o projeto cresceu, a equipe aumentou e passamos a revisar mais antes de publicar.

Para dar alguns exemplos, no vídeo "GADGETS IRADOS DO CINEMA", no quarto segundo de vídeo, o letreiro com meu nome e redes sociais "pisca" na tela. Esse era um erro comum, antigamente — se você for atrás dos vídeos mais velhos, vai achar outros com o mesmo problema. No vídeo "10 CARAS BONS QUE SE TORNARAM MAUS", a cartela, que aparece aos 28 segundos, está completamente errada! O João, que era o único editor na época, errou e deixou várias anotações no vídeo para corrigir a burrada. Outro erro que às vezes nos escapa é a data de lançamento de um filme, principalmente quando existem várias versões de um mesmo clássico. No vídeo "8 MONSTROS MAIS SINISTROS DO CINEMA", no momento 3:48 aparece na tela que o *King Kong* foi lançado em 2014, mas na verdade o filme foi lançado em 2005. O mesmo acontece no vídeo "5 ATORES QUE SAÍRAM DAS DROGAS" — no momento 5:35 erramos a data de lançamento do filme *Capitão América: Guerra Civil.*

Uma categoria de erros que acabam acontecendo é a que chamamos de "Os hater não perdoa, fi!" — quando você erra pequenos detalhes sobre algum filme adorado pelo público. A galera cai em cima! Um exemplo é no vídeo "14 CENAS IMPRO-VISADAS DO CINEMA", no qual escrevemos no momento 2:06 que o *Star Wars V* se chamava "Uma Nova Esperança", quando, na verdade, o nome correto é "O Império Contra-Ataca" — quase caçaram nossas cabeças! O mesmo aconteceu quando confundimos a droga que a personagem de Uma Thurman usa em *Pulp Fiction* — falamos que era cocaína, mas era heroína.

Agora, uma coisa que não é erro e que nós adoramos fazer é colocar pequenos símbolos "illuminati" piscando rapidamente em momentos aleatórios do vídeo. Um exemplo está no episódio "DAVID FINCHER — TUDO SOBRE", em que no minuto 2:51 aparece, por apenas alguns frames, um triângulo na tela — esse é apenas um de vários vídeos com segredos "illuminati" escondidos!

Por último, vou deixar aqui o vídeo em que talvez seja a primeira vez que o Bock me chamou de "Rola" — "PRIMEIRO NÃO HUMANO A GANHAR O OSCAR!". Repare que a galera está louca nos comentários falando sobre isso!

Um bonus: no vídeo "5 ERROS BIZARROS DE FILMES FAMOSOS", nós implantamos propositalmente um erro de continuidade. Eu começo o episódio de relógio e eventualmente ele desaparece. Foi um experimento para ver se, assim como nos filmes, esse detalhe passaria despercebido. E passou, viu?! Ninguém nunca comentou nada sobre isso!

CLAQUETES

GRANDES PODERES, GRANDES RESPONSABILIDADES 

Tio Ben já dizia: "Grandes poderes trazem grandes responsabilidades." E isso faz muito sentido não só para o Peter Parker, como para todos que pensam, um dia, virar grandes influenciadores, como atores e/ou comunicadores em geral.

O influenciador é alguém que tem uma mensagem para levar à frente. Ele tem algo legal que as pessoas querem saber ou faz as pessoas se sentirem bem apenas com seu jeito cativante. Essa pessoa pode passar uma informação que irá gerar tamanha relevância ou, simplesmente, transmitir uma sensação boa nas pessoas pelo seu jeito de ser e seu modo de enxergar a vida.

Os influenciadores de agora foram eleitos pela democracia quase maluca da internet. Maluca porque não é raro termos de conviver com vídeos e conteúdos que fazem muito sucesso e muitas vezes são bem... estranhos! Isso representa de forma direta a cabeça de quem consome o conteúdo. Pensamos de forma diversa e acabamos criando esse tipo de coisa.

No mundo de hoje, ser influenciador digital é atuar no momento mais livre, democrático e relevante de todos os tempos. Finalmente podemos falar o que pensamos e nos expressar sem barreiras. Estamos mais próximos e percebemos que temos os mesmos interesses. Esse momento é muito importante para todos, pois só a comunicação honesta e verdadeira vai gerar a empatia necessária paras as pessoas promoverem mudanças urgentes de pensamento e no modo de vida com o objetivo de dividirmos um mundo mais pacífico e amoroso.

No passado recente (e em muitos lugares ainda), para transmitir uma mensagem, o comunicador foi refém dos donos das mídias. Na televisão e no rádio, os políticos sempre estiveram no controle, e isso praticamente impossibilitava qualquer movimento revolucionário de se expressar livremente. Porém, com a internet e as redes sociais, isso mudou. Por exemplo, as bandas não mais fazem sucesso só por causa do jabá de um produtor. Os sucessos que vão para as rádios muitas vezes surgem primeiro na internet. Entendem o fluxo?

Somos a geração Uber, Netflix, YouTube, AirBNB, Tinder. Temos o dever de usar todos os recursos tecnológicos que possuímos ao nosso alcance para mudar a estrutura do pensamento a fim de, quem sabe, reorganizar a nossa sociedade. Merecemos viver de maneira menos conflituosa e mais prazerosa.

Não precisamos de intermediários para nossos trabalhos. Podemos dividir nossos recursos e ser mais econômicos. Os aplicativos de celular e a popularização desses dispositivos permitiram uma comunicação instantânea e uma nova forma de organização bem mais orgânica e conectada. Ninguém precisa mais viver sozinho, por exemplo. Podemos dividir uma casa com outras pessoas e um aplicativo nos ajuda a encontrá-las. Sem intermediários.

E qual é o seu papel nisso?

Imagina você ter um microfone que fala para 12 milhões de pessoas. O que você falaria a elas? O que realmente importa às pessoas saber?

O Pipocando tem um conteúdo legal, mas você pode encontrar facilmente o mesmo tipo de conteúdo na internet. Então, por que assistir a dois malucos sentados em um sofá?

Eu recebo várias mensagens de pessoas que se divertem muito com o Pipocando e usam esse contato para se sentir bem e se esquecer um pouco do sofrimento. Essas mensagens são sempre tocantes e muitos youtubers as recebem todos os dias. Mostram que a verdadeira entrega está no nosso modo de nos relacionarmos, de enxergarmos a vida, e no comprometimento verdadeiro em tentar ser mais coletivo e menos individualista.

No Pipocando, todos sabem que não sou fã de filmes de heróis porque normalmente eles contam uma história sobre a supervalorização do ser humano. Sempre gostei mais de filmes que te colocam em um contexto maior e, acredito, mais honesto. Não superamos o medo da morte, não aprendemos a conviver em sociedade, não abrimos mão de ter inimigos. Então, como podemos pensar em super-humanos com os mesmos valores que os nossos?

Nossos heróis atiram teias pelas mãos e prendem bandidos, mas não conseguem superar a perda dos pais. No final das contas, admiro mais os poderes do Neo em *Matrix* do que do Batman em toda a sua história.

Entendo que as pessoas não queiram sair do cinema depois de um dia inteiro de trabalho questionando as bases dos seus valores. Às vezes você só quer se divertir um pouco. Porém, veja o potencial da comunicação de massa. Com certeza é desperdício produzir tanto conteúdo com pouco propósito e muito comprometido com o lucro.

O DOM MÁGICO DA CRIATIVIDADE 

Se tem uma coisa de que é preciso para se adentrar na produção de vídeos na internet é criatividade. São tantos projetos inovadores surgindo a todo o tempo que, para conseguir se destacar, será necessário fazer algo diferente e cativante. Mesmo que seu plano seja praticar um formato que já existe, será preciso deixar a sua marca, dar uma nova cara ao antigo modelo. Você precisa ter **o dom mágico da criatividade**.

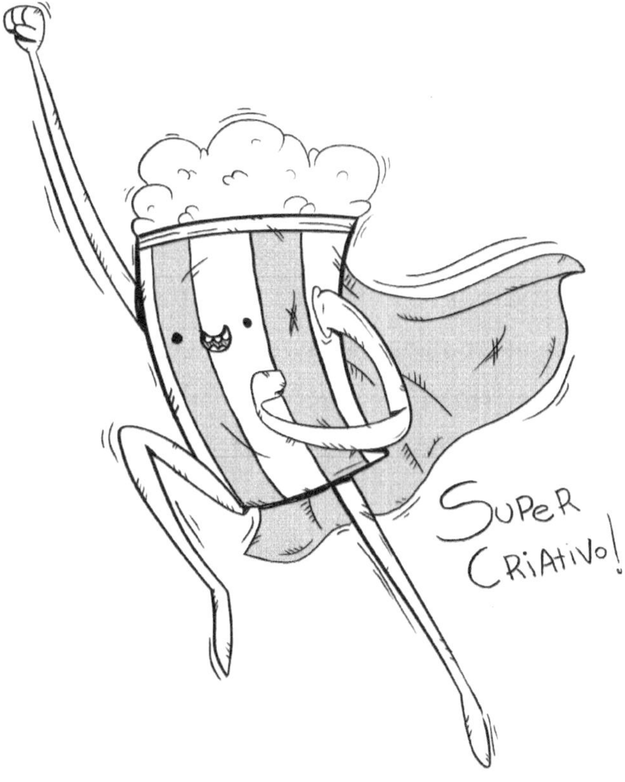

Criatividade. Essa palavra assusta muita gente. Ela carrega um peso quase místico, porque somos levados a acreditar que a habilidade criativa é um dom — algo herdado dos pais (ou dos deuses) e impossível de ser adquirido. Se você pensa assim, sinto lhe dizer que você está mais enganado que o Jim Carrey em *O Show de Truman*. Essa concepção não é apenas errada, ela é exatamente o inverso de como a capacidade criativa funciona. Todo o senso comum acerca da criação e dos criadores é uma completa mentira e eu vou tentar provar isso para você! As dicas que eu vou compartilhar aqui não são nenhuma novidade. Na realidade, a criatividade é uma área muito estudada e existe um material gigante sobre isso. Aprendi muito sobre o processo criativo porque precisei desenvolver essa capacidade para conseguir trabalhar com o que amo.

Para começar, preciso te contar um segredo: *Você é muito criativo*. Sério! Como eu sei disso? Porque todos nós somos. Essa, aliás, é uma das características que nos diferenciam de outras espécies. Os seres humanos são máquinas de resolver problemas, e criatividade nada mais é do que a capacidade que nós temos de imaginar possíveis soluções para desafios — resumindo: **criatividade é resolver problemas**. E eu sei que você "mata um leão por dia", para usar o dito popular. O que os criadores fazem é canalizar esse potencial que todos nós temos para "problemas" mais abstratos. Um publicitário cria um slogan para resolver um problema de síntese de mensagem de um produto. Um roteirista cria um vilão para resolver um problema de motivação de um herói. Você está acostumado a usar sua criatividade em tarefas mais comuns, só isso. Lembra de quando você bolou aquela desculpa sensacional para dizer aos amigos que não iria aparecer no churrasco? Ou quando decidiu improvisar em uma questão da prova e ganhou meio ponto sem saber nada? Você tem outro nome para isso? Eu chamo de **criatividade**!

Agora, você pode estar se questionando: Como eu faço para começar a usar esse meu poder secreto? A resposta é: **treino**. Criatividade é uma capacidade e, como qualquer outra, ela é aprimorada por meio da prática. O primeiro grande passo para exercitá-la é perder o medo da rejeição. Todos nós temos medo de criar algo idiota ou descartável. Esse sentimento é implantado em nós durante nossa formação. Você se lembra de quando era criança? De quanta coisa você criava com pouco?

Das ideias mirabolantes e das suas viagens envolvendo todo tipo de maluquice? Pois é, você não é mais assim porque, provavelmente, em vários momentos, reprimiram você. Disseram que era bobagem, que você parecia um idiota, que suas ideias eram ruins, seus desenhos eram feios e que não era adequado se comportar assim. Você já deve ter visto uma mãe ou um pai reprimindo os filhos cheios de energia quando eles estão causando em um restaurante ou aeroporto. Mesmo que não seja má a intenção, é assim que os pais começam a criar as primeiras amarras criativas nos filhos. Você foi levado a acreditar que as coisas que cria não valem nada. E, mesmo que isso seja verdade para a grande maioria das suas criações, você pode produzir, sim, coisas incríveis.

Isso nos leva a outro ponto importante: é normal ter ideias ruins. Para cada grande ideia, centenas de outras péssimas foram criadas, estudadas e descartadas. Os criativos da Pixar, por exemplo, têm o costume de descartar sumariamente as dez primeiras ideias de roteiro para aí começar a trabalhar nas que surgirem em seguida. Para você começar a criar, precisa praticar o **desapego**. Se a sua ideia não foi bem recebida, não fique chateado. Isso não diz nada sobre sua capacidade criativa — o real talento é produzir várias ideias sem se deixar abalar pelos resultados negativos. No Pipocando, por exemplo, os novatos na criação sempre ficam chateados quando as piadas que eles criam para algum roteiro são cortadas. Isso é normal, mas todos nós aprendemos na marra que, na criação, não existe apego.

Outra grande barreira que precisamos superar é o **desinteresse**. Tudo, absolutamente tudo, é interessante. A existência é incrível! Agora mesmo, enquanto eu escrevo este texto no meu notebook, estou rodeado de coisas que aguardam para serem observadas. O processador que compõe meu computador usa uma tecnologia que remonta aos ábacos babilônicos e é capaz de fazer milhões de contas por segundo que eu não conseguiria executar de cabeça nem em mil anos. Nas teclas, vivem milhões de seres invisíveis aos olhos humanos, que são compostos de máquinas minúsculas produzindo energia a partir de moléculas que estão no ar. As letras que eu vejo no monitor são projetadas por uma tela composta por milhares de pequenas lâmpadas, encaixadas em sincronia perfeita por um robô em uma fábrica da China, que executa essa tarefa com uma precisão nanométrica. Eu poderia fazer isso para sempre. Sabe aquele papo sobre as matérias do colégio "eu não sei como alguém consegue gostar de Química" ou "como Matemática é um saco"? Então, acho que dizer algo assim é uma estupidez sem precedentes. Todos os campos de conhecimento são infinitamente fascinantes e qualquer um disposto a entendê-los ficará apaixonado. Se você pensa isso de algum deles, o que provavelmente aconteceu é que esse conhecimento chegou até você sem nenhuma preocupação em despertar seu fascínio. A culpa é do sistema de ensino, mas isso é outro papo. O que importa é entender que nada é pálido o suficiente para deixar de ser interessante e, se você quiser criar, precisará acessar essa verdade. Ser criativo é, acima de tudo, uma maneira de olhar o mundo.

A última dica é buscar a coisa mais importante para um criador: o **conhecimento**. Criar é um processo de reorganizar ideias que já existem para formar algo novo. Portanto, nós precisamos ter contato com o máximo de referências que conseguirmos. É importante experimentar todos os tipos de mídia. Qualquer forma de conhecimento vale, até aqueles que achávamos inúteis: uma lista telefônica é um acervo perfeito de nomes próprios e as posições do Kama Sutra podem ajudar você a pensar numa nova forma arquitetônica. Esteja atento(a) durante suas viagens, observe os novos ambientes e pense sobre os aspectos de cada descoberta. Quando se deparar com algo que não lhe agrade ou que fuja da sua compreensão, não se acovarde! Tome como desafio e dedique-se até entender e achar beleza. Leia, assista, jogue, ouça, observe, sinta. Não pare nunca de buscar *o que falta*.

Quer ser artista? Preencha-se primeiro.

A arte é o que transborda.

OS FÃS ALUCINADOS! 

Eu sempre fui acostumado com o mundo das pessoas famosas e celebridades, porque ao longo do tempo e trabalhando em grandes produtoras, é normal ter contato com elas. Mas nunca tinha sentido na pele a sensação de ser uma pessoa famosa.

Quando começamos o Pipocando, imaginamos um canal grande e interessante. Queríamos um projeto que bombasse, mas nunca cheguei a me perguntar: bombar quanto? Eu olhava os canais médios e pensava: acho que isso tá bom demais pra gente. Se chegarmos à metade de fulano, já estamos feitos na vida.

Isso se mostrou, na verdade, um objetivo pequeno.

A primeira vez que um fã veio me abraçar (chorando), tomei um puta susto. Lembro de ter começado a chorar, também. Aquilo foi emocionante e estranho ao mesmo tempo. Era por mim? Caralho!

Acho muito interessante como funciona o jeito de pensar dos fãs e sou muito grato a todos eles pelo carinho e reconhecimento do meu trabalho. Me lembro, em uma reunião na agência de publicidade, de um diretor de criação reclamar ser muito difícil trabalhar com youtubers, pois eles se comportam como astros do rock. E realmente acho que hoje em dia a idolatria de um youtuber é bem próxima à do roqueiro de sucesso. Tem os fãs que são completamente loucos por você! Como a Beatlemania, sabe? Não? Sua mãe deve saber!

BEATLEMANIA: *MANIA DE GOSTAR, IDOLATRAR, AMAR, CHORAR, CURTIR, PERSEGUIR, GRITAR, PULAR MUROS, ENTRAR EM CAMARINS, ESCONDER-SE EM VANS, INVADIR CASAS E ATÉ DESMAIAR PELO SEU ÍDOLO SE NECESSÁRIO. CRIADA PELA EXPLOSÃO DOS BEATLES, A BEATLEMANIA ERA QUASE IRRITANTE SE NÃO FOSSE DIAGNOSTICADA E TRATADA.*

Me lembro de viajar com o Rolandinho para Orlando, nas férias. Dentro da Disney, algumas crianças brasileiras animadas vieram pedir autógrafo e fotos. A confusão do Mickey, porque as crianças saíam da fila para tirar foto com ele e vinham até a gente, eufóricas, foi hilária. Fiquei tão emocionado que falei em português bem devagar para ele, em tom de brincadeira: "Chupa, Mickey! Aqui é Pipocando, porra!". Não quero parecer bobo ou arrogante, mas estarmos em um parque da Disney e fazer mais sucesso que o rato mais famoso do mundo foi algo marcante e supersimbólico pra gente.

Hoje o youtuber é tratado como uma estrela e é engraçado isso. Me divirto por um lado, porém é um pouco sombrio do outro. Porque você não consegue segurar a onda de ser um ídolo teen 24 horas por dia. Uma hora você vai espirrar e sairá meleca do nariz.

Acho que a idealização de quando você se apaixona por alguém, mas ainda não conhece muito bem a pessoa, é parecida com o que o fã sente em relação ao ídolo dele. Ele acha que te conhece e que te ama, mas na verdade idolatra um personagem e muitas vezes só quer se relacionar com ele. E quanto ao fã alucinado? É aquele que rasga a sua roupa para levar um pedaço pra casa. Que é capaz de te machucar apenas para ter uma lembrança sua ou algo pra mostrar pras amigas.

Percebo que, dentro dessa relação, muitas vezes não há um interesse do fã em ver de verdade quem é o artista. Existe ali uma puta idealização que não pode ser desmanchada. Isso é bem perceptível em encontros casuais. Alguém que se aproxima dentro de um shopping center, chorando, porque reconheceu você. Pede uma foto, por exemplo. Depois que você tira a selfie, é muito provável que esse fã saia correndo, timidamente.

É muito difícil conseguir trocar um olhar mais sincero ou mesmo conhecer a pessoa que está te idolatrando. Acredito que esse relacionamento mais pessoal acabaria com a imagem que os fãs gostam de criar. Às vezes penso que, se me vissem no meu dia a dia, perceberiam que sou tão normal quanto todos. Mas isso acabaria com essa magia, não é? E acho que ninguém quer isso.

Pois é, a distância cria as barreiras necessárias para enxergarmos a diferença tão conveniente para todos! Toda vez que tenho a oportunidade de desmanchar essa imagem de ídolo, eu realmente faço. Gosto de mostrar pras pessoas que esses rótulos não existem. Que somos iguais.

CABEÇA DE SARDINHA OU RABO DE BALEIA? 

Meu pai me perguntava isso toda vez que eu chegava chorando em casa, pedindo socorro porque estava todo atrapalhado com as finanças da produtora.

A Renata, minha sócia, estava na Índia e minha conta do banco parecia um cavalo desgovernado. Eu não sabia muita coisa sobre contabilidade e ralei muito até aprender a arte do Excel!

Meu pai sempre ajudava, me explicando como eu deveria organizar a empresa, mas não deixava de me lembrar que a opção de ser empresário tinha algo a ver com o jeito de se levar a vida.

Ele brincava com essa frase que, na verdade, é uma versão da expressão americana: "Better be the head of a dog than the tale of a lion" (Melhor ser a cabeça de um cachorro do que o rabo de um leão).

Quando comecei a produtora, meus amigos trabalhavam em grandes produtoras de São Paulo e isso me fazia pensar se eu tinha mesmo tomado o caminho certo. Abrir uma empresa nunca foi algo recomendado no Brasil. Diziam-me que, a cada 10 empresas abertas, apenas 2 sobreviviam até os 5 anos. Ou seja, todas as estatísticas sempre estiveram contra a Blues. Possuir a sua própria empresa no Brasil é um desafio tão grande quanto o James Bond desmantelar a Spectre.

Meu pai queria na verdade me dizer que você precisa escolher cedo se quer ser uma peça muito importante dentro de um organismo pequeno ou uma peça muito pequena dentro de uma organização gigante.

Sendo a cabeça da sardinha, você ainda controla os olhos e escolhe a direção que quer seguir, porém continua sendo uma sardinha. Precisa sobreviver em um mar de tubarões, baleias gigantes e outros perigos constantes. Ser uma sardinha é arriscado e somente 2 em cada 10 sobrevivem até a fase adulta. Sacou?

Se você optar por ser o rabo da baleia (e vou assumir que meu pai não dizia exatamente "rabo", mas um palavrão bem mais adequado), você vai vivenciar o que é estar no pior lugar de um animal incrível como este. Ela é grande, quase inabalável, navega em segurança, mas, no fim, toda a merda passa por você. Essa é uma metáfora de que eu nunca vou me esquecer. E sempre me colocou de volta no meu lugar, quando eu estou desanimado sonhando com as baleias voando sobre a minha cabeça, como no filme *Fantasia 2000*, da Disney.

Eu realmente tinha certeza de que meu negócio era ser a boca de uma sardinha (na verdade, acho que a sardinha é um peixe muito da hora!). Nunca gostei de me envolver em processos que eu não acreditasse realmente, e isso aconteceu durante toda a minha carreira. Eu tinha um problema porque, quando entrei no mercado de trabalho, só conseguia trabalhar com chefes por quem eu tivesse alguma admiração. Acho que, por se tratar de um trabalho artístico, eu só gostava de ser o pupilo de Jedi.

No fim das contas, quando observo amigos que optaram por trabalhar em grandes empresas, sei que a experiência adquirida com seu próprio negócio é única é incrível, mas trabalhar dentro de grandes empresas também pode ser legal, dependendo do peixe que você escolher.

Lembro como se fosse ontem quando eu fui convidado a trabalhar na maior produtora de vídeo da América Latina. Que baleia gigante! Eu tava feito na vida! Eu nunca me orgulhei tanto em dar cartões de visita em festas e eventos. Na época eu alugava uma sala na produtora do meu antigo professor. Quando falei pra ele sobre a minha contratação, ele logo disse:

"Você não tem perfil, não vai durar nem 3 meses."

Eu perguntei: "Como assim?".

Ele respondeu: "Você não tem perfil pra trabalhar em uma empresa dessas".

Confesso que até hoje não sei se isso é uma ofensa ou um elogio, mas descobri que não ter o perfil pra trabalhar em uma grande empresa é algo bem real e que meu professor novamente tinha razão. Eu gosto de resolver as coisas, não sei lidar muito bem com mimimi, rancor e puxação de saco. Sempre me falaram que eu sou uma pessoa muito direta, mas acredito que sou sincero e que as pessoas não estão muito acostumadas com isso dentro de uma organização. A sinceridade gera problemas, existem muitos interesses envolvidos além de somente entregar o trabalho, e você terá que fazer a tal da "politicagem".

Olha, eu sou mau nisso! Sei no que sou bom: criação, roteiro, edição, atuação... Agora, na incrível arte de "passar pano", eu sou ruim. Se eu ainda fosse o atendimento da minha empresa, eu provavelmente teria problemas com meus clientes.

No tempo em que trabalhei dentro dessas grandes corporações, existiam jogos de poder que sempre me fizeram muito mal. Acredito que algumas pessoas vivam anestesiadas e suportem tudo de boa. A realidade acaba sendo tão massacrante que nem se dão conta da escravidão em que vivem.

Nesse período em que me senti um peixe fora da água, perguntei ao meu querido amigo, o empresário André Castilho, que na época trabalhava dentro de uma das maiores agências de publicidade do país, o que eu precisava saber pra trabalhar em uma grande empresa. Ele, sempre com as melhores sacadas, não hesitou e respondeu: "Atuação! Você vai precisar saber atuar pra se dar bem".

Quando ouvi isso, lembrei da sardinha. Ahh, como gosto de sardinha!

O que me deixa mais feliz é perceber que não existe caminho certo. O importante é não abrir mão de quem você é de verdade.

Existe uma sensação de paz que está intimamente ligada a fazer uma atividade em conexão com o seu propósito. Parece maluco, mas acredito que essa busca é o que faz alguém escolher entre ser um poeta ou trabalhar em um banco. No meu caso, estudar Rádio e TV, em vez de Engenharia.

É melhor ser quem você é, porque tentar ser outra coisa dá muito trabalho!

UMA NOITE ESCRITA POR ALFRED HITCHCOCK 

Era uma quarta-feira cinzenta de fevereiro. Saí de casa com um pressentimento estranho. Talvez fosse culpa do clima, mas pareceu difícil abandonar a cama, fazer as atividades matinais rotineiras e me preparar para o trabalho. Ao trancar a porta da frente e subir na minha bicicleta, uma sensação obscura me dominou; era uma espécie de presságio. Um dia cheio me aguardava, sabia disso. Então, que escolhas eu tinha? Precisava me apressar e seguir meu caminho.

Pedalava pelas poucas quadras que distam da minha residência à produtora enquanto tentava organizar mentalmente meus compromissos: reuniões pela manhã, roteiros à tarde e uma gravação do Pipocando à noite. Se tudo acontecesse como o planejado, eu jantaria com minha namorada — um jantar que ela mesma iria preparar —, coisa rara de acontecer por causa da minha agenda maluca. O dia de trabalho começou bem: fechamos uma parceria na reunião que abriria novas possibilidades de produção para o projeto. Uma exceção, já que a maioria desses encontros não traz resultados positivos — é preciso um punhado deles para que uma boa oportunidade apareça. Durante a tarde, aprovei alguns vídeos do Pipocando e tive outra grata surpresa: uma ótima ideia de roteiro surgiu enquanto eu escrevia sozinho na minha sala, e isso me deixou extremamente animado. Quando a noite estava para cair, o Bruno Bock confirmou conosco o horário da gravação para as 18h00 — perfeito, porque provavelmente nós terminaríamos até às 20h00 e eu poderia jantar com a Erica. "Que dia", pensei.

Eu só não imaginava que as horas seguintes pareceriam um filme do Alfred Hitchcock.

Próximo às 18h00, ativei toda a equipe de gravação, que incluía João e Gaybol operando os equipamentos e dirigindo e o Jack para fazer o figurino e a maquiagem. Encontrei o Bruno, conversamos sobre a gravação e estava tudo certo. Por isso, mandei uma mensagem para a minha namorada dizendo que nosso jantar estava de pé!

Quando estávamos todos indo para o estúdio, alguém chamou o Bock:

— Bock, tem como vir aqui? É jogo rápido!

Ele foi. Eu comecei a agilizar minha parte. A gravação envolveria dois figurinos diferentes: um deles era de zumbis, outro de personagens do Chaves. Fiz maquiagem e comecei a me vestir com o figurino de "Seu Barriga" enquanto dava uma lida no roteiro. Terminei, entrei no estúdio e ajudei os meninos a bater os quadros e a posicionar as câmeras. Arrumamos o texto no TP. Estava tudo pronto, só faltava o Bruno.

— Jack, o Bock já está maquiando?

— Não, ele está lá dentro da sala da diretoria.

Resolvemos esperar um pouco. Os minutos foram se acumulando e a equipe ficando impaciente. Já passávamos de uma hora de atraso quando resolvi entender o que estava acontecendo. Entrei na sala vestido de "Seu Barriga" e interrompi o papo. Descobri que havia tido um problema com a preparação de uma gravação que a produtora faria no dia seguinte e o Bock era o único que podia resolver o problema. Não tinha jeito, precisávamos esperar. Avisei a equipe e desligamos as luzes. Foi mais ou menos nessa hora que recebi a mensagem no celular:

"O jantar já está quase pronto! Estou te esperando <3"

Meu coração quase parou! Eu não tinha me dado conta de que o tempo havia corrido tanto. Precisava me concentrar em bolar uma mensagem carinhosa o suficiente para aliviar a minha barra com a namorada. Mandei um textão explicando as circunstâncias, o atraso, os problemas e um sincero pedido de desculpas.

Visualizou, não respondeu. Isso nunca é um bom sinal.

O Jack, vendo toda a complicação, teve uma ótima ideia: começar a maquiar nossos "figurantes" para o vídeo de zumbis, que na verdade eram o Bruno Marossi, nosso comercial, e o Mondoni, nosso editor. O Bruno chegou ao camarim às 21h00 para fazer maquiagem e vestir o figurino. Às 21h30 estávamos sentados, vestidos e prontos para gravar. Luz, câmera e, finalmente, ação!

O clima não estava dos melhores. Eu estava triste com o episódio do jantar, a equipe estava cansada e o Bock cheio de preocupações. Mesmo assim, todos estavam dando seu melhor e o conteúdo estava ficando legal. Com meia hora de gravação, pausamos para que a equipe trocasse as baterias. Pensei comigo: se continuarmos nesse ritmo, talvez terminemos antes da meia-noite. Que ingenuidade! Os meninos estavam demorando muito para recomeçar a gravação. Finalmente perguntei o que estava acontecendo: havia tido outra gravação antes da nossa e não tínhamos nenhuma bateria de câmera carregada. O que isso significava? Que nós precisaríamos esperar um tempo para que as baterias ganhassem carga — mais atraso. Foi aí que o Mondoni e o Marossi apareceram, completamente fantasiados de zumbis, e perguntaram se já tínhamos terminado a primeira gravação. Não, não tínhamos terminado nada. E, com tanta gente já produzida, não poderíamos mais deixar para outro dia.

Depois de 30 minutos, voltamos a gravar. Todos estavam cansados, mas conseguimos prosseguir por mais 30 minutos e fazer um episódio legal. Com uma hora de espera, nossos figurantes zumbis já estavam quase virando mesmo mortos-vivos. Já era meia-noite. Quando a gravação terminou, o Gaybol berrou para chamá-los em outra sala, esquecendo-se completamente do horário. Não demorou muito para o nosso vizinho tocar a campainha.

Eu me lembro até hoje da imagem de todos nós fazendo uma roda e olhando o vizinho raivoso pela câmera de segurança. Ninguém queria conversar com aquele senhor, pois a lista dele de reclamações de barulho vindo da produtora era maior do que qualquer roteiro que havíamos produzido até então. Ele devia estar muito bravo, para não dizer profundamente possuído.

A missão ficou para o Marossi — a profissão dele exige tato com as pessoas, portanto ele era o cara mais indicado. Foi só quando ele saiu pela porta que nos lembramos da maquiagem horrível de **zumbi do inferno** que ele estava usando. Pelo que dava para ver pela câmera, o tom da conversa não era muito amigável. O senhor gesticulava muito com as mãos, fazendo todo tipo de sinal feio. Depois de quase 10 minutos de conversa, nosso morto-vivo voltou para dentro.

— E aí, o que o cara falou?

— Que quer matar a gente de uma forma lenta e dolorosa.

Em resumo, o senhor desconfiado e mal-humorado disse que não sabia que tipo de atividades malditas nós fazíamos, mas que o barulho estava insuportável. Ele chegou a dizer que morava com "gente barra-pesada" e que da próxima vez iria jogar uma bomba na produtora.

Passamos mais de meia hora trancados no estúdio — que tem isolamento acústico —, digerindo esse episódio assustador. Estipulamos uma nova regra: nada de gravações na madrugada.

Se nós seguimos essa regra até hoje? Claro que não.

Começamos a gravar a lista de zumbis mais mortos do que vivos. A parte em que os figurantes entrariam seria bem divertida, com um ataque surpresa vindo de trás do sofá. Gravamos e ficou sensacional! Demos muita risada, o Mondoni caiu e derrubou tudo, ficou hilário — foi ótimo para descontrair todo aquele estresse. Mas vejam só: imaginem nossa reação quando descobrimos que, sem querer, o áudio não tinha sido gravado?! O jeito foi regravar e encontrar energia para deixar tudo tão divertido quanto a primeira vez — nós conseguimos! (a gente sempre consegue).

É importante explicar para os leitores pouco acostumados que, a partir de certo ponto da madrugada, nossa cabeça começa a funcionar de uma forma estranha. É uma espécie de amortecimento: as coisas acontecem mais devagar, você assimila por partes e tudo começa a perder o sentido. Estávamos passando por esses estágios quando começamos a gravar o último item da última lista. Quando eu ouvi o "corta", demorei um pouco para entender que nosso trabalho havia finalmente acabado. O relógio estava quase alcançando as 3h00 da madrugada.

— Galera, que dia louco foi esse? — disse, com a voz já alterada pelo sono.

— Pois é, tudo deu errado! — falou o João, arrumando os equipamentos com o Gaybol.

— Mas é engraçado... Mesmo em um dia como hoje, quando tudo resolve acontecer, nós nos divertimos. A gente deve gostar mesmo do que faz! — completou o Bock.

"É verdade", pensei. O dia teve mesmo tudo para ser horrível, mas não foi. Felizmente, aquele presságio que eu senti ao sair de casa estava errado. Tive essa certeza quando, já na porta da produtora, a equipe toda se abraçou para se despedir. Dava para ver, no rosto de cada um, a certeza inabalável de estar fazendo mais do que a maioria aceitaria. Todos ali, cansados e exaustos, dividiam o mesmo desejo de fazer do Pipocando o melhor canal que nós poderíamos criar.

Cheguei em casa, joguei minha mochila no canto do quarto, troquei de roupa e me deitei exausto na cama. É nessa hora que todas as imagens do dia começam a latejar na minha cabeça. Foi aí que a Erica, minha namorada, falou meio dormindo:

— Então, me conta... o que de tão errado pode ter acontecido?

TIA, LARGA O CONTROLE E VEM PRO YOUTUBE 

Acho que todo mundo tem uma tia que não larga o controle. Aquela tia velha e chata que fica o dia inteiro vendo programa de desgraça na TV e não sabe muito bem sobre esse tal de YouTube. E esse jargão foi criado pensando-se justamente em uma identificação com o público.

Mas o que é um jargão? Algo que se fala e se repete vira um meme (ou um "mene", como gostamos de dizer aqui dentro da produtora). Isso é bom, todo mundo gosta e sua mensagem vai longe. Muitos youtubers fazem isso e muita gente do rádio e da TV, também. O Chacrinha foi um apresentador de que sua avó se lembra. Ele tinha jargões que as pessoas conhecem mesmo sem nunca terem visto o programa de TV. "Quem não se comunica, se estrumbica", "Alô, Alô, Terezinha". O nosso querido apresentador Silvio Santos tem os seus: "Quem quer dinheiro?", "Fala ou não fala", "Ai ai ai ui ui". Então, por que o Pipocando não poderia ter um jargão também?

E não é que esse negócio, além de divertido, dá certo?

Ao inventarmos a fala, veio junto um repertório de brincadeiras e significados. Quando uma ideia é implantada aqui na produtora, mesmo sem querer, quase sempre ela viraliza. É como um apelido, por exemplo. Um novo apelido se propaga mais rápido que o vírus da zika dentro da Blues! Você deve saber o que é isso, não é muito diferente das escolas.

O nosso jargão mais óbvio é que sua tia deve largar o controle da televisão e entrar no YouTube. Isso é legal, pois faz uma referência à "segunda tela". Para quem não sabe, é o jeito que os publicitários chamam o hábito de usar uma segunda tela para consumir conteúdos. Tipo, você está assistindo à TV (primeira tela) e usando o Facebook ao mesmo tempo (segunda tela).

Pedir à tia que largue o controle e venha pro YouTube é um incentivo para a geração mais velha entrar na onda dessa nova maneira de se relacionar com o conteúdo de assistir a séries e filmes. Sua mãe está acostumada a ver uma novela que vai passar em um canal de TV. Então, ela marca o horário e fica atenta para não perder. Pra galerinha fera de hoje em dia, não faz sentido esperar para assistir algo, as pessoas querem ver na hora em que quiserem e onde quiserem. E daqui a pouco não fará sentido nenhum ter uma TV no centro de uma sala. A tecnologia muda e a maneira como assistimos a nossos filmes favoritos mudou, também. Tão rápido que eu faço coisas bem de "tiozão", na visão do Rolandinho.

O outro significado (que explico em algum vídeo do canal) é o pedido para a tia largar o controle da vida dela. Isso pode parecer uma loucura, mas vou dizer aqui: eu acredito que muita coisa que consegui foi largando o controle de certas situações. Pois o reconhecimento de que não temos nenhum controle sobre nada nos coloca em uma posição mais realista. É como um barco que tenta subir a correnteza de um rio. É difícil, ele quase não consegue navegar. Mas, quando o barco segue a favor da correnteza, todas as manobras ficam fáceis. Sacaram?

A tia tenta controlar o mundo e vive frustrada, porque nada é do jeito dela, e no final das contas, ela não consegue mudar nada. O convite de vir para o YouTube tem a ver com o pensar mais livre, representado por esse modo mais "atual" das novas gerações.

Isso parece um pouco fora da casinha? Pois eu juro que tudo isso passa em nossa cabeça enquanto criamos e produzimos essas maluquices a que você assiste!

A JUVENTUDE E O QUE FAZER COM ELA 

Quero te fazer um pedido: **Não desperdice a sua juventude.**

Eu sei que, quando você é mais novo, pensar no futuro pode dar medo. Você observa os mais velhos e pensa "eu não quero crescer e ficar como eles". A maioria das nossas referências adultas são pessoas desiludidas, acomodadas, *no automático.* Pessoas que já desistiram delas mesmas. Acho que toda criança já deve ter dito para si mesma: "Eu vou ser diferente!". Acontece que nós todos somos empurrados por uma avalanche de convenções enquanto crescemos e num piscar de olhos já fazemos parte de uma massa homogênea de humanos cabisbaixos. É na juventude que podemos virar o jogo e evitar esse destino.

Pense na sua sala de aula. Quantos colegas de turma possuem um dom ou facilidade para algo? Alguns tocam e cantam, outros são brilhantes nas matérias da escola. Alguns adoram tecnologia, outros escrevem. Esportistas, matemáticos, desenhistas, bailarinas, oradores, humoristas — é lindo ver tanto talento reunido. Passaram por mim durante minha curta vida tantos garotos e garotas brilhantes que hoje já foram completamente ofuscados. Por que isso acontece? Qual é a explicação para tanta habilidade ser perdida durante nosso crescimento? A minha teoria é que isso acontece porque: **o mundo mente para nós**.

O mundo mente. Nossa sociedade mente, de maneira até subliminar, porque pessoas brilhantes incomodam. Elas são inconvenientes, não se encaixam. E, durante o seu crescimento, o mundo vai tentar fazer você se encaixar.

O mundo vai fazer você acreditar que é preciso parecer normal para ser aceito. Sabe as coisas que você mais ama, suas características mais marcantes? As forças da sociedade farão você pegar leve com elas. *Não mostre demais suas capacidades. Não fale muito das coisas interessantes que você adora. Você vai parecer um mané.* Essa é a mensagem que a sociedade vai te passar. Jamais acredite nisso! Qual é o sentido de tentar ser aceito como algo que não é você? É preciso muita coragem, eu sei, mas recomendo o contrário: agarre suas capacidades e gostos e faça deles seus maiores atributos. Desenvolva seus talentos, invista no que te torna **você.** Não interessa se alguém na sua turma ou rodinha tirar sarro porque você é muito bom em algo. Novamente: muita gente vai se incomodar com alguém brilhante por perto — o referencial aumenta e eles parecem ainda mais opacos.

Outra grande mentira que o mundo vai tentar te empurrar é a de que *a juventude é uma época própria para desperdiçar.* Esse consenso social de que é perfeitamente normal que pessoas na fase mais criativa e produtiva da vida passem todo o seu tempo com preocupações fúteis, passatempos medíocres, poucos desafios e em um ócio totalmente improdutivo é o maior sabotador de capacidade que existe. Não estou dizendo que a adolescência não é uma fase complicada e cheia de descobertas — claro que é. Justamente por isso, os jovens nessa idade deveriam receber uma orientação e suporte para que conseguissem atravessar esse período de insegurança sem deixar para trás seus talentos e sua personalidade. O que acontece é justamente o contrário: pais e mães aceitam que seus filhos joguem pela janela a idade mais inspiradora para que gastem todo o seu tempo *tentando se incluir.* Um universo de possibilidades resumido a jovens fazendo as mesmas coisas, cedendo a pressões irracionais por puro desejo de *fazer parte*, ultrapassando etapas e momentos belos da vida apenas para que os outros não pensem que são fracassados.

Portanto, deixa eu te contar uma verdade: você não precisa ser aceito por todos. Tentar ser aceito não é saudável. Não é justo com você. Algumas pessoas vão compartilhar seus gostos e é com elas que você fará os laços mais sólidos. Elas terão o que trocar, o que acrescentar. Vocês, juntos, poderão crescer, poderão criar! Não se preocupe em ser aceito por todos. Use sua energia e criatividade — tão latentes nessa idade — para reunir amigos que te aceitam pelo que você tem de melhor. Crie com eles coisas novas, desafiadoras. Produza! Produza muito! Ouse pra valer, porque você *ainda* não precisa acertar. Aprenda tudo o que puder. Assuma-se do jeito que você é! Essa é a maior conquista que um jovem pode alcançar.

As pessoas mais incríveis que eu conheci compartilham uma história semelhante: todas elas foram deslocadas na juventude. Esse sentimento, aliás, continua acompanhando algumas para sempre. É normal, elas não se encaixam. Precisaram de muita força para continuar atrás daquilo que as inspiravam e os outros sempre reagirão excluindo ou marginalizando esse tipo de gente. Mas são essas pessoas, que conseguem atravessar o crescimento sem deixar de ser quem elas são, que viram as maiores fontes de inspiração. Elas que criam as coisas mais adoradas, constroem as histórias mais belas. São esses jovens que, quando crescem, conseguem mudar o mundo.

A "QUASE" PALESTRA 

No meio do ano passado, a ex-diretora de um colégio em que estudei me convidou a palestrar e a contar aos alunos o segredo do sucesso. Agradeci o convite e, quando falei que sentia que não tinha atingido "nada", percebi que tinha perdido a oportunidade de palestrar, pois eu não ia entregar o que ela queria.

Ela não ficou muito contente, pois queria ouvir que tudo valeu a pena, que os jovens precisam "entrar na linha desde cedo". Ela queria que a molecada pensasse em trabalho e dinheiro o mais cedo possível.

Agora você deve estar se perguntando: por que você disse à diretora que sentia que não tinha alcançado nada?

Porque, amigos, de verdade, ninguém saiu do lugar.

Eu gostaria de dizer para os jovens que dinheiro não é porra nenhuma! Que eu aparentemente consegui chegar onde muitos desejam, mas o mais importante mesmo é aprender como se dar bem com sua mãe e seu pai, como compreender sua esposa quando ela reclama ou mesmo como amar o chapeiro mal-humorado da padaria. E, se tudo isso que vivemos servir como uma ferramenta para melhorar os relacionamentos, então perfeito, sua vida terá algum sentido verdadeiro.

Penso que ninguém foi muito longe quando pensamos em evolução moral. Digo isso porque, todos os dias, você sai de sua caverna com receio de ficar sem a sua comida. Vai caçar ou trabalhar com medo. Vive com medo.

Eu comecei a trabalhar cedo também por medo, mas de ficar sem dinheiro, e acredito que todo o trabalho não foi em vão, porém confesso que abri mão de muita coisa para, hoje em dia, ter o considerado sucesso e fama.

Eu, na adolescência, deixei de ir a muitas festas e praticamente todos os eventos familiares para trabalhar. Isso era algo tão normal entre meus amigos que, depois de um tempo, pararam de me convidar para as baladas. Minha família brinca que eu não existo e tenho algumas primas que não me reconheceriam na rua. Quando, em algum momento da minha carreira, percebi que as ilhas de edição eram ótimas máquinas de produzir música eletrônica, passei a trabalhar como produtor e VJ nas baladas. Era a minha forma de curtir e me relacionar com gente fora do círculo social do trabalho.

Certa vez, em uma entrevista de emprego numa grande produtora de São Paulo, a diretora me disse algo que nunca mais vou esquecer. Eu estava afoito, mostrando meu portfólio de direção para ela e contando sobre a minha carreira, querendo mostrar o quanto eu era fodão, quando ela me olhou com toda a tranquilidade do mundo e falou:

"Você só vai bombar na sua carreira quando você se encontrar. Aí, tudo vai fluir."

Eu só entendi muito tempo depois o que ela quis dizer e percebi o valor de ela ter me ensinado isso. O que importava meu portfólio se, naquele momento, o que me motivava era um medo terrível de ficar sem dinheiro, em vez de uma disposição em encontrar meu papel no mundo e, a partir disso, atuar de forma verdadeira e autêntica?

Então, como eu ia falar para alunos de um colégio de classe média de São Paulo que eles precisavam correr muito atrás de dinheiro, se toda a minha jornada só serviu para perceber que essas coisas realmente não têm nenhuma importância e que o verdadeiro valor do que faço é reunir pessoas tão incríveis?

Eu não podia entrar naquela escola e ser o agente Smith do filme *Matrix* para aquelas crianças, e não o serei para você neste livro.

Tento não fazer o mesmo que fizeram comigo a vida toda, enquanto o normal é as pessoas tentarem se vingar do que aconteceu com elas durante suas carreiras. Entendo o valor do trabalho para essas pessoas e acho que é aí que nos encontramos e que toda a magia acontece. Somos parecidos. Topamos dedicar a vida ao trabalho e isso nos une.

Às vezes vejo gente da equipe recusar certos tipos de trabalho, e fico feliz quando o Rolandinho se nega a fazer publicidade e campanha de marcas em que não acredita, por exemplo. É quando vejo que estamos no caminho certo.

Crio um ambiente onde as pessoas se sentem livres para serem elas mesmas e elas retribuem com a dedicação e alegria de quem está onde quer estar.

PIPOCANDO, A MARCA 

Hoje o Pipocando é algo muito maior do que havíamos imaginado no começo.

O mais legal de tudo isso é justamente a criação de uma marca multiplataforma tão poderosa. Atualmente, o Pipocando é um canal no YouTube, uma loja de produtos e alguns programas de TV. Somos reconhecidos como influenciadores especializados em cinema e cultura pop, o que é muito legal. Fomos responsáveis pela narração oficial do Oscar e batemos recorde de visualizações do canal, superando a própria transmissão nacional do evento na TV.

As pessoas finalmente estão entendendo o importante papel dessa nova mídia. Anunciantes batem às nossas portas regularmente. Temos um setor comercial que trabalha focado na produção de conteúdo para as marcas. Isso se reflete em conteúdos diversos pro público jovem e uma nova maneira de se fazer publicidade. E o que mais aprendemos com as agências de publicidade é que não queremos ser como elas.

Hoje pensamos em uma publicidade mais honesta. Não trabalhamos com produtos e marcas que não tenham a ver com a gente. Existe uma preocupação em não se fazer da maneira como sempre foi feito. Participei de muitas campanhas "ocas" e que não funcionavam na prática. Vídeos bonitinhos e com um número grande de visualizações, porém com pouquíssimos comentários ou mesmo nenhum.

Vi muita gente praticamente enganar os seus clientes com relatórios de redes sociais lindos, cheios de números montados, muita mídia e pouco engajamento. Será que alguém realmente se importa com o cliente? Quem trabalha em agências sabe que grandes projetos premiados nunca foram para as ruas! Isso mesmo, a publicidade premia projetos "modelos", videocases de campanhas fakes que nunca funcionariam na realidade.

Isso mostra que alguma coisa está errada com o jeito como pensamos a publicidade.

Vou dizer para você: quem sabe um dia a publicidade acabe!

Isso mesmo, para mim as marcas podiam patrocinar a produção de conteúdo diretamente, escolhendo o que mais se aproxima dos seus valores.

O público está cada vez mais inteligente, e, sinceramente, eu espero que em breve a publicidade fique mais honesta e que passe a ser muito difícil vender produtos ruins.

FAZER O QUE AMA OU AMAR O QUE FAZ? 

Existe um tema recorrente nas palestras que damos em colégios e universidades. Percebo que os adolescentes estão vivendo uma paranoia ou dificuldade em escolher algo de que gostem de verdade, ou seja, trabalhar com o que amam.

As escolas, quando nos chamam para palestras, veem na gente uma esperança em mostrar aos jovens que pode existir prazer no ambiente de trabalho. Mas toda vez me sinto tentado a discutir algo bem maior. O que é esse tal de prazer no trabalho?

Acredito que o prazer verdadeiro que as pessoas não estão acostumadas a sentir é apenas uma sensação foda que você pode alcançar desenrolando alguns nós da sua cabeça e tomando algumas decisões. Nada fácil, mas possível. Eu digo isso porque essa simples informação é o "bug" da Matrix. Você vai ver as pessoas diferentes a partir desse ponto de vista.

Ao perceber que você é totalmente responsável pelo que sente, o que pensa e o que faz, a "paz ou o conflito" passam a ser vistos como opções suas a todo momento. Escolher ser feliz é algo ao qual vale a pena dedicar a vida. Nessa visão, não importa a atividade, tudo é muito prazeroso e a máxima "fazer o que ama" não faz mais o menor sentido.

Proponho apenas: "amar" e, a partir dessa decisão, realizar qualquer atividade.

Em algum momento, a atividade que você achou que era prazerosa pode ficar chata. Uma hora você vai precisar fazer uma planilha de custos mesmo sendo um esportista, um ator, um músico, sei lá!

Quando um cantor sente mais prazer? Na hora dos aplausos? Quanto tempo isso dura? Todas as horas estudando em um conservatório valem para alguns segundos de palmas? A resposta parece óbvia para todos: não! Somos reféns dos significados das coisas, e o que sentimos com esses significados não dura tempo suficiente para chamarmos de real prazer.

Na contramão dos seus desejos está uma sensação de paz entorpecente que faz você se preocupar mais com as outras pessoas e menos consigo próprio. Aí está a saída. Seja feliz.

O MANUAL DE SOBREVIVÊNCIA DO YOUTUBER

PLANEJAMENTO

O sonho muda de geração pra geração. Para perceber isso, basta trocar a bola de futebol por um computador. Ou trocar aquela chuteira nova por um programa de edição cheio de recursos. Dá até para trocar o Ronaldinho pelo... Rolandinho! O ponto é que hoje em dia o sonho de ser jogador de futebol deu lugar ao sonho de ser alguém na internet. Ou melhor, ser um youtuber, aquele que inspira e entretém os outros por ter tido a coragem de tirar uma ideia da cabeça e passar pra telinha de um computador.

E o melhor é que esse sonho de reconhecimento e fama nas interwebs aparece a alguns cliques de distância, porque você não precisa treinar por anos ou passar por uma peneira para ser um youtuber. Você pode ser magrelo, gordinho, homem ou mulher... o YouTube aceita todo tipo de pessoa. E pode ficar tranquilo, que as aulas de educação física da escola também não serão relevantes para o desempenho do seu canal.

Antes de mais nada, vamos admitir que mostrar a cara e a voz pra internet inteira, ou só pra meia dúzia de gatos pingados, não parece das ideias mais amigáveis. Ainda mais porque as pessoas, na internet, não têm medo de julgar ou ofender os coleguinhas. Mas é claro que fazer sucesso no YouTube vai muito além da coragem, já que você precisa ter pelo menos um pouco de talento para se destacar dos outros milhões que também tiveram coragem. E não existe uma combinação melhor do que ser destemido e habilidoso. O Batman tá aí para provar isso, mesmo não sendo muito conhecido pelo seu carisma de vlogger. Então, lembre-se das letras garrafais "NÃO ENTRE EM PÂNICO" e prepare-se para conhecer o MANUAL DE SOBREVIVÊNCIA DO YOU-TUBER, que nada mais é do que a paródia de YouTube do *Manual de Sobrevivência Escolar do Ned* (valeu pela inspiração, Nickelodeon!)

O QUE VOCÊ QUER FAZER?

Tem quem diga que a nossa vida na internet é uma grande metáfora pra vida real, um lugarzinho muito conhecido por exigir que você saiba o que quer fazer. E no YouTube não é muito diferente. Então, antes de ligar a câmera ou começar a gravar a tela do seu computador, é melhor bolar um bom plano de ação. Ou melhor, um conceito bem elaborado, que é megaimportante para quem quer fazer sucesso no YouTube. O que facilita muito na difícil tarefa de achar o público certo para a sua mensagem, que pode tocar o coraçãozinho de jovens pela internet inteira.

Pra deixar essa história mais palpável, vamos dar um exemplo. Você, obviamente no auge da sua criatividade, pode criar um canal focado em *unboxings* (termo em inglês que se refere ao ato de desembalar novos produtos) de comida congelada ou um canal de culinária voltado para degustação de parafusos enferrujados. Tá certo que isso pode ser meio perigoso, mas, sei lá, vai que você consegue... 100 visualizações. Ou nem sobreviva para ver isso.

Se ainda não ficou claro, o "x" da questão é o seguinte: encontre o seu tema. Encontre algo que te dê vontade de passar horas gravando e editando. Algo que faça cada like, cada view e cada comentário te passar aquele sentimento de que você tá fazendo a coisa certa. Por mais assustador que possa parecer, o YouTube é, na verdade, o lugar perfeito pra você expor seus pensamentos e ideias, por mais loucos que eles sejam.

E não se esqueça de que no YouTube você pode falar de tudo. Não pense que não existe nada de novo para ser dito nos vlogs de humor ou naqueles sobre política, ciência, aleatoriedades e maquiagem. Até os vídeos de games ainda têm um território gigantesco a ser explorado. Dá para inovar até fazendo gameplay de Minecraft. Sério, ainda não fizeram de tudo com esses blocos — mas tá quase.

ALGO PARA CHAMAR DE SEU

Quando o Dr. Frankenstein deu vida ao seu monstrengo icônico, ele jamais imaginaria que o que faria fama seria sua criação, e não o criador — prova disso é que todos chamam o monstro de Frankenstein, mas na verdade esse é o nome do doutor! Enfim, ele criou algo grandioso e inovador, algo de que dava orgulho!

E é mais ou menos essa a relação que você vai ter com o seu canal, que pode ser um motivo de orgulho pra você e quem sabe até pra sua família. Vai que você ganha dinheiro e consegue bancar a nova TV da sua casa? Mas o seu canal pode ser mais que um motivo de orgulho ou fonte de uns bons trocados no fim do mês. Seu canal não precisa ficar como um hobby para as suas horas vagas, ele pode acabar virando uma das coisas mais importantes da sua vida. Ele pode ser algo pra você chamar de SEU.

Além de SEU, é bom você encontrar tempo para achar um nome para o seu canal, já que é por esse amontoado de letras organizadas de maneira lógica que as pessoas vão te conhecer depois que os seus vídeos passarem das 100 visualizações mensais. Mas nós entendemos que pensar desse modo não facilita a não-tão-fácil tarefa de escolher um bom nome. Ninguém quer ser reconhecido nas interwebs com um nome nível MSN. Então, para evitar isso, você pode simplesmente ter paciência e não apressar o fluxo de ideias. Talvez seja importante se lembrar de que você não é o Tony Stark, que sob pressão conseguiu criar uma armadura avançada em uma caverna no meio do nada. Tome o seu tempo, faça um *brainstorming* (espécie de dinâmica em grupo, com várias ideias rolando) com seus amigos, defina o conteúdo que você quer produzir e quem sabe aquele nome perfeito brote na sua cabeça. Isso aconteceu até com os Avengers, que tiveram que salvar a humanidade de uma invasão alienígena para só então se denominarem "Os Vingadores", lá no final do filme.

ESCOLHA O FORMATO

Além de um tema e um nome bem criativo pro seu canal, também é preciso definir o formato que você vai utilizar para passar as suas ideias pra rede mundial de computadores. Ou você acha que o Stanley Kubrick chegava ao set e mandava um "galera, vamo gravando aí para ver no que vai dar"? É claro que, antes mesmo de pisar no set, o diretor fazia todo um trabalho de ver como ele ia adaptar a história (ou a ideia, no nosso caso) para as telonas. Sério, o Kubrick chegou a visitar a NASA só para criar um conceito pra nave espacial do filme *2001 — Uma Odisseia no Espaço*. Tá certo que você não precisa acionar os seus contatos espaciais só para definir um formato, mas é uma boa ideia gastar pelo menos algumas horinhas pensando nisso.

"Mas, tio, o que é um formato?"

Bem, meu jovem Padawan, segundo a consulta que fizemos com o nosso querido amigo Google, formato nada mais é do que a configuração física, ou virtual, daquela ideia que você tanto quer mostrar para os outros. Mas, se você quiser algum exemplo prático de como isso funciona no YouTube, basta pensar nos vlogs a que você assiste. Uma pessoa, uma câmera, uma ideia na cabeça. Adicione um pouquinho de coragem e você tem um vlogger, aquela pessoa que fica falando com a câmera e edita o vídeo com vários cortes secos. Outro formato que você provavelmente conhece são os vídeos de gameplay, em que você ouve a voz do indivíduo e vê o que ele está jogando. Sim, provavelmente o jogo dos bonecos quadrados que constroem casas e depois ateiam fogo nelas. E, sim, você também pode ter um formato meio parecido com o do Porta dos Fundos e fazer esquetes de comédia cheias de piadas do pavê. Só que ninguém aqui tá garantindo que você vai ter o mesmo sucesso.

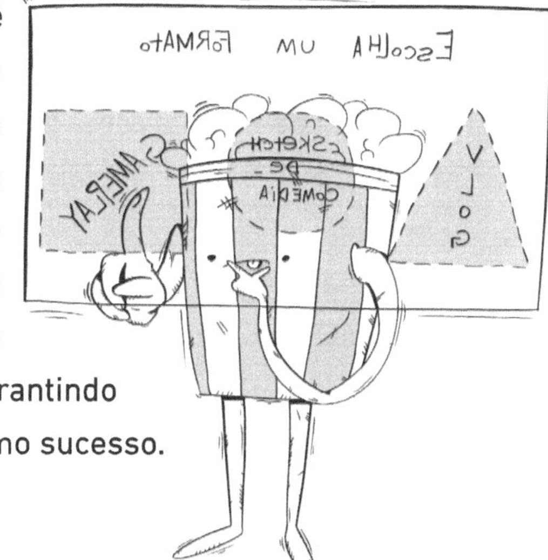

Quem dera...

"Mas, tio, e se o meu formato não se encaixar em nenhum desses?"

Ainda bem que você me perguntou, jovem bruxo, já que nós ainda precisamos falar sobre a maravilhosa versatilidade dos formatos. Não precisa achar que você está fazendo algo errado só porque o seu formato não tem uma definição dessas. Você pode muito bem usar elementos de dois formatos diferentes, como fazem muitos canais de joguinhos eletrônicos que mostram as caretas dos youtubers durante o próprio gameplay, o que nasceu da vontade do ser humano de ver o próximo se assustando. Até o mundo dos esquetes já fez um crossover com outros formatos, resultando no que a ciência denominou como vlogs humorísticos, nos quais as pessoas tentam dar uma visão mais engraçada a quase tudo o que acontece. Pensa em algum assunto e você já pode ter certeza de que algum vlogueiro engraçadão fez alguma piadinha sobre o que você pensou. Sim, nem a economia agrária da Estônia conseguiu fugir dessa.

"Mas, tio, qual é a grande lição guardada pra esse parágrafo final?"

Afiado nas perguntas, hein, futura webcelebridade? Acho que você tem um amanhã muito além das 100 visualizações. A lição que fica é tão simples que chega a parecer fácil: explore os formatos à sua disposição, procure novas maneiras de apresentar os seus vlogs, vídeos de gameplay ou esquetes. Imagina que o YouTube é um primo distante do mercado de filmes de heróis, que hoje em dia tá mais cheio que a estante de Oscar da Meryl Streep. Então, para fazer algum sucesso nesse meio, você precisa se destacar com uma personalidade única, o que pode ser um formato inovador, inusitado ou só uma placa do YouTube para cortar. Mas nós já sabemos que a maneira mais confiável é sempre apostar no seu taco.

LINHA EDITORIAL

De que adianta seu canal ter um nome legal, um tema abrangente e um formato inovador, se tudo durar por apenas cinco vídeos? Antes mesmo de apertar o REC pela primeira vez, certifique-se de que você vai poder apertar o REC tantas vezes quanto o número de filmes do 007 (sério, eles são muitos!). Manter uma linha é essencial no começo do canal, porque não tem como conquistar um público se o público não sabe o que esperar de você.

Existe sorte em conseguir visualizações, mas o trevo-de--quatro-folhas ou aquele amuleto que você ganhou da vovó podem te deixar na mão quando o assunto é formar audiência.

Não faltam exemplos de páginas do Facebook com poucas curtidas que conseguem milhares de compartilhamentos (às vezes até por um vídeo roubado de um bom produtor de conteúdo), um usuário no Twitter com menos de 200 seguidores que pegou mais de 4.000 retweets (às vezes até por um tweet roubado de um livro de trocadilhos) ou mesmo um canal pequeno que foi para a página inicial do YouTube depois de tantas visualizações recebidas por causa de um acidente de carro.

O que podemos aprender com isso:

🐾 Poste vídeos de outras pessoas;

🐾 Compre livros de piadas;

🐾 Filme acidentes com o seu celular;

🐾 Aprenda a identificar sarcasmo.

Obs.: A parte do sarcasmo é séria e essencial na internet.

Por que alguém voltaria ao canal do Luck2121 se não dá pra entender como devem ser os próximos vídeos? (Aliás, se o nome do canal for esse, recomendo voltar ao item "Algo para chamar de seu").

Antes de prosseguirmos, vale deixar claro: NÃO FAÇA APENAS UM FORMATO E REPITA PARA SEMPRE! O ponto aqui é que, ao menos no início do canal, seu foco seja um ou dois formatos bem definidos e replicáveis.

E nada melhor que um exemplo prático para ilustrar esse ensinamento tão fácil quanto uma aula de História. Se bem que muita gente não prestava atenção nas aulas de História.

Dê uma olhadinha nos vídeos do Pipocando (www.youtube.com/pipocandovideos). Vamos analisar qualquer vídeo do canal: dois rapazes meio estranhos que listam diversos recortes interessantes e divertidos da cultura pop. Agora você já sabe o que esperar de pelo menos alguns outros conteúdos do canal: dois rapazes meio estranhos que listam diversos recortes interessantes e divertidos da cultura pop.

Com o formato definido, é importante decidir a periodicidade do conteúdo. Fiquem tranquilos que isso não tem nenhuma relação com a tabela periódica, é só uma palavra difícil que significa "quantos vídeos você vai postar e quando eles serão postados". Esse é um momento importante, ainda mais quando você é um produtor independente, porque ele vai definir quantas horas de sono você terá por dia. Em uma situação equilibrada e saudável, três horas de descanso diário são mais do que suficientes, mas, no começo do projeto, esse número pode facilmente cair para duas horas.

Planeje os dias e os horários das postagens, assim os inscritos vão criar o hábito de sempre entrar no mesmo Batcanal na mesma Bathora.

Ouvir o púbico também é fundamental. Sim, eles estão consumindo o que você produz, mas o YouTube não é a TV e lá existe o espaço para comentários, sejam eles positivos ou negativos. Seu conteúdo deve ser uma média entre o que você acredita e o que seu público quer.

Esse aprimoramento não é um processo rápido e, assim como a jornada do Frodo e do Sam, pode levar mais de um ano. Seguindo pro lado do filme *A Origem (Inception)*, essa não é uma etapa com um final muito claro. Isso porque, conforme o tempo passa e o público aumenta, o direcionamento do seu canal pode precisar de algumas revisões. Ah, sempre tome suas decisões de forma coerente, nada de fazer uma cirurgia plástica porque alguém comentou que seu nariz é grande ou que sua verruga é uma webcam russa.

NÃO SOU O BATMAN NEM O HOMEM DE FERRO, COMO PROCEDER?

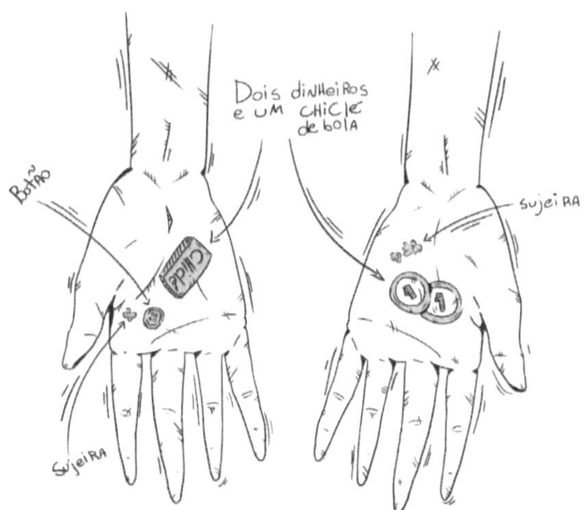

Poucos youtubers nasceram em berço de ouro. E os exemplos para o outro lado são muito mais comuns e claros,

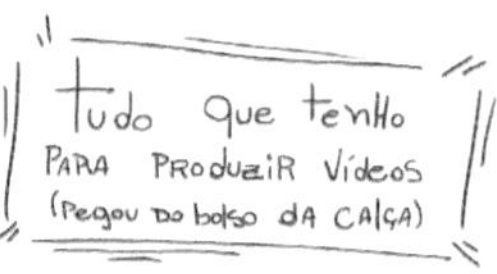

então não se preocupe, futuro proprietário de um conversível vermelho.

Antes de mais nada, vamos à resposta que você mais queria saber desde que começou a ler este manual: dá pra ganhar **YouTube Money**?

Que rufem os tambores na sua imaginação...

Sim! É possível ganhar dinheiro com o YouTube, e muitos de vocês já devem saber disso graças aos vídeos dos gringos mostrando suas Ferraris e Lamborghinis. No Brasil ainda não che-

> **YOUTUBE MONEY:** *JARGÃO COMUMENTE CONHECIDO ENTRE OS YOUTUBERS, CUNHADO NA ERA DOS "GAMERS DE OURO" PARA SE REFERIR À QUANTIDADE DE BALAS DE MORANGO QUE ELES RECEBIAM EM TROCA DAS VISUALIZAÇÕES.*

gamos a tanto, mas os maiores youtubers brasileiros estão em situações financeiras favoráveis, o que permite que eles cada vez mais produzam conteúdos variados.

Infelizmente, ou felizmente, nada disso acontece da noite para o dia. O YouTube possui um sistema de remuneração simples: se você permitir, o próprio site monetiza seu vídeo, ou seja, coloca propagandas antes de exibir seu conteúdo. Então, a cada mil visualizações, o YouTube te paga certa quantia de dólares, o famigerado CascalhoPorMilviews (CPM).

O CPM é diferente em cada canal e pode variar de acordo com o público, já que a idade afeta no poder de compra. Então, os youtubers de Minecraft, por exemplo, recebem centavos de dólar por mil visualizações, enquanto vloggers, que têm um público mais velho, podem receber por volta de 4 dólares. Curiosamente, os maiores youtubers de Minecraft fazem até 120 milhões de visualizações por mês, enquanto a maioria dos outros canais não chega perto. Porém, como o CPM deles é mais baixo, o faturamento mensal acaba ficando parecido.

Isso pode parecer um assunto que você pularia neste momento, afinal "seu canal não vai ganhar o suficiente", mas é motivo para, no mínimo, futuras preocupações, se você pretende levar YouTube a sério profissionalmente.

Os custos para começar um canal variam dependendo de diversos fatores:

- ✋ Seu cenário vai se parecer com o quarto de uma adolescente apaixonada por boybands ou com um filme de Hollywood?

- Você vai gravar com a câmera do seu celular ou alugar a Imax do Cristopher Nolan?
- Seus amigos vão divulgar o link como prova sincera de amizade ou malotes de dinheiro precisarão ser acidentalmente deixados em uma maleta para algum canal maior te indicar?

Vale lembrar que todos esses pontos são economizáveis, e é quase como o Rei do Camarote dizia, a conta pode ir de 0 até o infinito, R$ 50, R$ 60, R$ 70 mil. Mas não se preocupe, este manual ainda entrará em detalhes de como gastar pouco e ter resultados satisfatórios. A gente só não promete o amor da sua vida em 7 dias.

De qualquer maneira, é importante entender quanto custa fazer um canal para que ele eventualmente possa se tornar saudável do ponto de vista financeiro. E é claro que esses valores variam muito, já que a complexidade da produção e a periodicidade importam muito na hora de fazer as contas:

- Quanto custa um roteirista que vai te entregar o trabalho específico?
- Quanto custa um apresentador para transformar aquelas palavras em um conteúdo audiovisual?
- Quanto custa para produzir e gravar um vídeo?
- Quanto custa o editor que vai te entregar o trabalho específico?

Essas contas devem ser colocadas em um papel e estudadas, independentemente de existirem diversas pessoas ocupando as funções ou apenas você tocando a porra toda.

E não podemos deixar de falar que esses custos crescem juntamente com o canal.

EXECUÇÃO

Todo mundo já teve aquela aula insuportável, com aquele professor insuportável, sobre aquela matéria insuportável, a combinação perfeita para criar um dos maiores infernos da vida de todo estudante. Se acordar de manhã já era difícil antes, essas aulas só dificultavam a tarefa. Mas, assim como a maioria dos fracos e oprimidos do cinema, o jovem estudante também tinha uma salvação, que nem sempre conseguia passar pelo véu do atraso no sistema de educação: as aulas práticas. Elas sempre pareciam ser a quebra perfeita para a maré de tédio que assolava as costas da sua vida estudantil. Ciência nem sempre foi o seu forte? Admita, você curtiu ver altas reações químicas na sua frente. E lembra quando tava chovendo e a aula de Educação Física acontecia dentro da sala? Não dava para sustentar 5 minutos de teoria sobre uma aula em que você só queria jogar bola e pensar que a escola não era tão chata assim por um tempinho. Mas, independentemente de qualquer coisa, as aulas práticas sempre instigam mais e podem ir te acostumando às partes reais da sua futura profissão. Então, já que gastamos bastante tempo falando sobre a teoria e tudo o que você precisa fazer antes de começar o seu canal, agora chegamos à famosa hora de botar a mão na massa! É claro que não literalmente, porque, como você deve saber, isto é apenas um livro.

Assim como em todas as áreas da sua adorável vida, o YouTube é um campo que não floresce só com a semente de uma ideia plantada, por mais que o adubo da sua imaginação seja dos melhores, o que é uma metáfora bem funcional pro seu canal. Ter todo esse conjunto que nós mencionamos antes é claramente primordial, mas isso não vai gerar YouTube Money ou realizar seus sonhos se você não tirar as ideias e planos do papel. Por incrível que pareça, para fazer boa parte dessas coisas, você não precisa nem tirar a bunda da cadeira. Olha o caminho que você percorreu até chegar aqui, por que não tentar?

E pode ficar tranquilo porque, assim como estamos de mãos dadas pelo processo de pré-produção da sua nova e promissora carreira como youtuber, nós daremos aqui mais alguns pitacos pra te ajudar a lidar com as suas dúvidas cruéis. Aquela época da internet em que as pessoas precisavam aprender as coisas sem ter para quem pedir ajuda já passou. Agora você tem livros, vídeos tutoriais, uma quantidade bem elevada de pessoas inspiradoras e até este guia pra te ajudar a entender todos os processos virtuais e sociais que você vai encontrar desde os seus primeiros até os últimos vídeos. Pronto?

TUDO ESTÁ NO GOOGLE!

Apesar de algumas atitudes cometidas por membros da nossa espécie, o fogo já foi descoberto, as grandes pestes já foram extintas, a escravidão já foi abolida, o nazismo foi derrotado, a internet já foi inventada e o Half-Life 3 ainda não foi lançado. O ponto é que a humanidade não está mais na Idade das Trevas, e quase todas as informações de que você precisa estão ao alcance dos seus dedos. A escuridão deu lugar a algo reluzente, precioso e, acima de qualquer outra coisa, útil: o Google.

Assim como o seu canal tem um nome significativo que precisou de diversas horas de discussão para ser criado, o Google também tem todo um conceito bem elaborado por trás dele. Caso você não saiba o sentido por trás do nome do site de buscas mais conhecido do mundo, Google nada mais é do que uma derivação da palavra "Googol", ou o número 10 elevado à centésima potência (que é igual a 10000000 0000000000000000000000000000000000000000000000000

00000000000000000000000000000000000000000000000).
Mas, deixando essa história numérica de lado, o Google te dá
acesso a quase toda a informação disponível na internet e
raramente falha quando o assunto é responder às suas dúvidas sobre o mundo, o que reduziu drasticamente o índice
de debates barísticos de amigos com memória fraca. Então,
se você tiver qualquer dúvida que este livro não te responda
a respeito do YouTube, utilize o Google. Acesse, pesquise, vá
atrás. Por mais que seja bom ter uma ajudinha eventual, você
precisa aprender a andar com as próprias pernas, adquirir
conhecimento por conta própria e não depender dos outros.

E o melhor dessa maravilhosa ferramenta que nós chamamos de Google é que você precisa desembolsar um total
de 0 dinheiro para alcançar o conhecimento. Ok, talvez seja
bom. Pra que pagar um cursinho de culinária no seu bairro se
você pode achar todas as receitas do mundo no Google? Pra
que gastar a sua grana da coxinha em um professor de violão
se você encontra várias cifras e tutoriais na internet? E como
você vai ser o responsável pela gravação, edição e upload dos
seus vídeos, o Google pode te apresentar vários tutoriais de
edição voltados para os mais diversos softwares, incluindo
o Windows Movie Maker, que você ainda vai usar para fazer
aqueles vídeos das suas férias em família. Os mais interessa-
dos em encher os vídeos com efeitos mirabolantes também
podem encontrar os segredos por trás dessa arte usando o
Google. Até as suas thumbnails podem melhorar um pouco se
você pesquisar a respeito. Ou seja, quem procura, acha. Menos a Carmen Sandiego, essa já é mais difícil de encontrar.

Mas a vida de um youtuber nem sempre foi assim, ainda mais porque considerar o YouTube como uma boa plataforma para um conteúdo autoral não é algo tão recente, o que obrigou muitos a serem pioneiros num dos formatos mais importantes: os vídeos tutoriais, que provavelmente te ajudaram a instalar muitos programinhas. Mas é claro que o formato foi muito além disso, já que existe um público pra quase todas as coisas ensináveis da vida, como algumas maneiras de abrir a porta usando uma banana. E, conforme o cenário dos youtubers foi crescendo, muitos deles começaram a fazer vídeos tutoriais para ajudar quem estava começando, além de descolar uns trocadinhos no processo. Essa grande demanda e boas chances de retorno transformaram o "mercado" dos vídeos tutoriais em um dos maiores do YouTube e talvez até mesmo no seu formato de escolha. E é bem provável que exista algum tutorial de tutoriais. Nunca se sabe onde essa metalinguagem vai parar.

CONFIGURANDO O SEU CANAL

Já que não temos nenhum R2D2 pra abrir as portas da internet com facilidade, vamos na raça mesmo.

É importante definir sua URL personalizada. Como o YouTube existe há mais de 10 anos, provavelmente alguém já usou o exato nome do seu canal para criar uma conta que recebe menos login que *comparação cinematográfica*.

Tem muita conta inativa na internet, né? Inclusive de pessoas que já morreram. Será que vai existir algum cemitério virtual?

Pois bem, se o nome do seu projeto já existe, tente as variações mais usuais e simples:

[iNSiRA Seu NoMe Aqui] ViDeoS
[NoMe do CANAL] BR → (RolANDiNHo BR, Quem LembRA?)
Projeto [Nome do CANAL]
[NoMe do CANAL] [iNSiRA Aqui UM trocADiLHo]
[iNSiRA Seu NoMe Aqui] [iNSiRA Aqui A iDeiA MAiS GeNiAL dA HistóRiA HumANA]

Caso todas as possibilidades já tenham sido utilizadas, coloque uns números aleatórios mesmo e siga a vida sofrendo na hora de falar o link do seu canal.

Também é importante criar um banner para o seu canal. O YouTube já passou por diversas alterações de layout, mas o header continua sendo o principal elemento visual. Tente usar elementos que rapidamente transmitam o conceito do canal. Reservar um espaço para informar os dias e os horários de postagem também é um acréscimo na hora de criar um hábito por parte do seu público. Essa, aliás, pode ser a informação principal do banner.

A internet está recheada de artistas e photoshopeiros talentosos que não cobram tão caro por um header, mas é claro que você pode seguir a trajetória dos grandes mestres e fazer tudo sem gastar recursos monetários, apenas com muito esforço e horas de tutoriais.

E não vamos ignorar as tags! Elas são bem semelhantes a um duende: existem, quase ninguém vê e mesmo assim escondem um pote de ouro.

Tags categorizam seu vídeo e facilitam de ser encontrado por meio de buscas no YouTube ou na indicação por vídeos semelhantes. Relacione as tags com os assuntos mais populares e "clicáveis" do vídeo. As tags podem ser adicionadas individualmente em cada vídeo, mas é interessante já deixar algumas preestabelecidas, assim você não precisa reescrever toda vez que upar um vídeo novo e seus vídeos sempre estarão linkados por elas. Para fazer essas tags básicas, pense no conceito do seu canal, nos pontos em comum dos vídeos, no gênero do qual ele faz parte, no nome do projeto, e até em termos errados que podem levar a ele. Aí, quando você for fazer upload de um vídeo, você só vai precisar adicionar as tags dos assuntos específicos que podem chamar a atenção nele.

Não estamos aqui para dizer se vale tudo no amor, mas... nas tags, não vale, não!

Evite adicionar tags chamativas que não correspondam ao seu vídeo; afinal, propaganda enganosa é crime, certo? Evite também utilizar o nome de outros canais sem que o vídeo esteja relacionado com isso, senão você está apenas usando da imagem de alguém para tentar crescer a sua.

Alguns outros recursos que estão disponíveis e podem poupar um pouco mais das preciosas três horas de sono são nomes e descrições padrões para seus uploads. Crie uma descrição com links úteis, levando seu público para suas redes sociais, playlists interessantes, algum parceiro seu ou até mesmo outros vídeos do canal. E, ao deixá-la salva nos padrões de upload, você nunca mais vai perder tempo dando Ctrl+C em uma descrição de vídeo.

EM BUSCA DA THUMB PERFEITA

Você já deve ter percebido neste manual que estamos tentando tirar vantagem dos menores lugares possíveis. Por mais irônico que possa parecer, não é o caso das "miniaturas", também conhecidas como "thumbs", cuja importância é inversamente proporcional ao tamanho delas. O engraçado é que você provavelmente nem percebe a diferença que essas pequenas expressões artísticas poderosas têm no desempenho e no potencial viral dos seus vídeos.

Pra entender isso melhor, basta pensar no mercado literário, que além de tudo gerou um dos ditados mais famosos da história: "não julgue o livro pela capa". Você não precisa ser o maior gênio do mundo para conseguir fazer um paralelo e entender que as thumbnails são a capa do livro, neste caso o seu vídeo. A thumb, além de tudo, é uma ferramenta que você pode utilizar na criação da identidade visual do seu canal e passar a ideia do seu vídeo de uma maneira clara, porque, por mais interessantes que o tema e o conteúdo sejam, uma capa bonita sempre vai chamar atenção. Arriscamos aplicar a mesma lógica aos vídeos no YouTube:

sua ratoeira deve ser o conteúdo, mas nada como um bom pedaço de queijo para atrair pessoas sedentas por novas webcelebridades. Talvez uma definição mórbida demais. Ninguém morre nesse processo. Sério.

"Mas, tio, como eu faço essa coisa aí do queijo?"

Bem, você pode fazer isso seguindo ou fazendo uma referência engraçadinha ao conceito do seu projeto. Quanto mais original, mais fácil de identificar, o que é perfeito para você que provavelmente quer que as pessoas reconheçam seus vídeos logo pela thumbnail. Ah, e isso se chama identidade visual, aquele toque tão seu... tão único que se destaca do queijo da ratoeira dos outros. Mas é bom se lembrar de algumas regrinhas básicas, só para deixar sua identidade visual tinindo:

- "Menos é mais" — Priorize duas ou três das imagens com mais abrangência em relação ao assunto específico do vídeo. Quanto menos elementos você utilizar, mais força eles ganham.

- "Beba com moderação" — Sim, peitos, bundas e +18 chamam muita atenção, mas use com moderação, vai?! Toda faca eventualmente perde o fio, e consequentemente o respeito. E o YouTube não é Street Fighter pra você achar que a sua apelação tem 100% de aproveitamento.

- "Recorte, cole, teste, misture, interaja!" — Imagine que o arquivo de 1280x720p é o seu ateliê. Então, use o Google, monte um arsenal de imagens, encontre a solução mais criativa, agradável e chamativa.

- ❦ "Seja econômico" — É importante que, com menos de cinco palavras, você consiga transmitir todo o assunto do vídeo. Escolha as palavras mais fortes e, assim como nas imagens, quanto menos palavras forem utilizadas, maior será o destaque delas. E pode dar um corte nos detalhes também, de bagunçado basta o seu quarto, deixe a thumbnail limpa.

- ❦ "É tudo uma questão de perspectiva" — Antes de aprovar a sua thumb, é bom pensar no seu querido inscrito. Será que ele vê a thumbnail nessa resolução megadefinida que você tem aí? Mude a sua perspectiva, pense na imagem encolhida em meio a tantas outras pedindo atenção do Senpai.

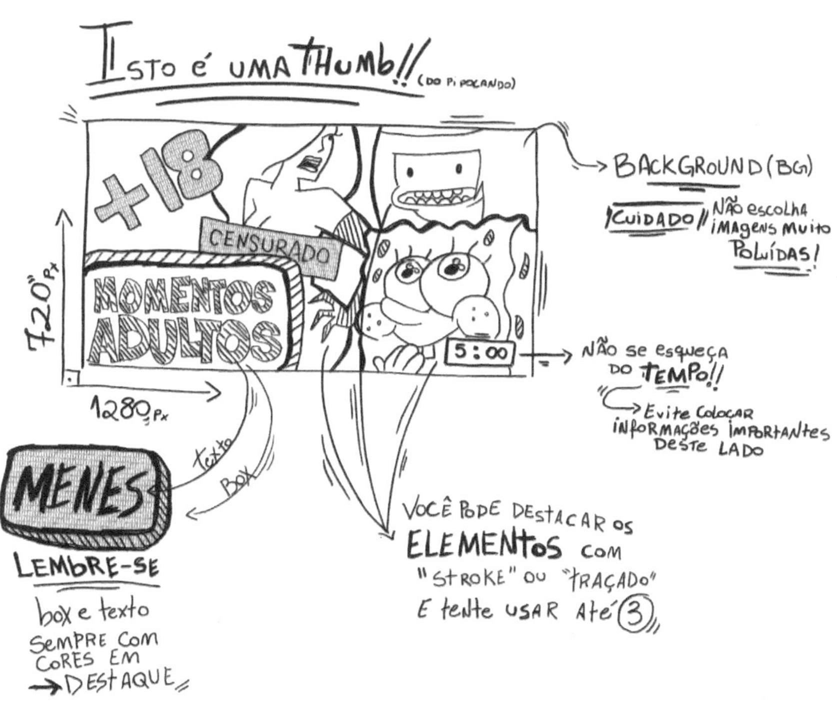

Pensando bem, thumbs são perfeitamente compará-veis a anúncios publicitários, que surgem do conjunto de imagens e slogan criado para te capturar ao mesmo tempo que passa uma mensagem. O que você precisa entender é que, assim como os anúncios brigam violentamente na Times Square, as thumbs lutam vorazmente na página inicial do YouTube.

Diversas thumbs de vídeos com milhões de visualiza-ções não seguem os padrões das nossas dicas, mas é difícil avaliar qual seria a repercussão caso a miniatura fosse di-ferente. Poderia dar mais visualizações, poderia dar menos, poderia dar a mesma quantidade de visualizações. Infeliz-mente ainda não temos um DeLorean ou uma Tardis para descobrirmos essas respostas.

Que vença o melhor conjunto de rimas visuais, trocadi-lhos, peitos e memes em miniatura!

ESPELHO, ESPELHO MEU

Se você escolher a facção dos vloggers, um dos problemas que talvez apareçam no seu caminho é a dificuldade de se portar na frente das câmeras. Mas não precisa se desani-mar ou entrar na bad. Quando foi que nós dissemos que não dá pra superar isso? Tá certo, é um processo meio lento e até mesmo desgastante, mas nada que um comentário falando "curti kkkk" não cure sua autoestima. Ou melhor, você pode fazer uso da teoria do "espelho, espelho meu" e ter a certeza de que não há ninguém mais bonito que você.

Se não consegue dar esse tapa na autoestima, fique tranquilo, porque você ainda pode usar a técnica mais útil de todas: grave, e grave muito. Assista a suas gravações e tente identificar os pontos nos quais você pode e consegue melhorar. Mas não precisa ser tão autocrítico, reconheça os seus fortes e deixe o seu ego inflar só um pouquinho. E, quando alguém comentar um ponto específico, tipo a frequência com que você fala "né", tente trabalhar em cima disso e ver a repercussão nos próximos vídeos. O que você pode fazer para dar um *help* é passar o texto antes. Vale ensaiar na frente do espelho, também. Confiança é importante, então esteja bem com você mesmo antes que os outros possam estar bem contigo.

E, assim como a maioria dos grandes canais do YouTube atual já fez, busque inspirações. Você não é o primeiro nem o último a passar por esse processo complicado, então pergunte ou procure alguém que já falou sobre isso abertamente. Não se sinta sozinho, o YouTube além de tudo é uma grande comunidade onde você pode usar o exemplo ou a influência dos outros para seguir fazendo vídeos. Gostou do jeito daquele apresentador? Pareceu natural e bonito? Tente emular algo mais parecido com isso, mas fique atento, não perca a sua identidade e cuidado com a linha tênue entre a inspiração (ou referência) e o plágio. Sim, a famigerada cópia.

Fica a dica amigável para você que ainda precisa de motivação: entre no Pipocando e compare os vídeos antigos com os mais recentes e dá uma olhada como as coisas fluem melhor e é mais fácil de perceber como estamos mais confortáveis diante da câmera. Tá certo que seria meio estranho se continuássemos travadinhos depois de mais de 500 vídeos publicados e 1 milhão de inscritos.

HOJE EU VOU TE ENSINAR A ECONOMIZAR DINHEIRO

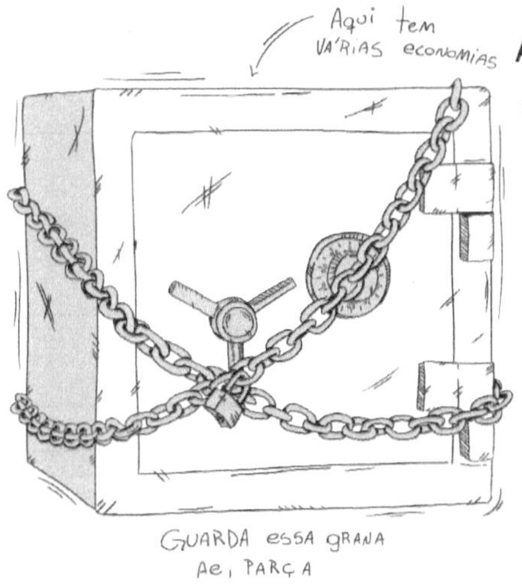

Anteriormente foi comentado que os gastos do seu canal poderiam variar do nada ao infinito e além. Mas nós estamos aqui ao lado do povo brasileiro, tão bom em improvisar. Então você pode, sim, usar o improviso para economizar alguns trocados na hora de comprar o seu equipamento de gravação, objetos de cena e outras bugigangas necessárias.

Então, colocando o porquinho guardião do seu dinheiro em risco, vamos pensar no que você deve investir primeiro, porque raciocinar um pouco antes de comprar costuma ser uma filosofia bem útil. Se você tiver problemas com áudio, às vezes um microfone direcional já é um baita avanço, deixando sua voz mais limpa que a consciência de quem upa vídeo com voz de robô. Mas, quando o assunto é imagem, pode ter certeza de que as câmeras de celular já são suficientes. Ninguém conhece sua cara, vai, não faz muita diferença se começarem a conhecer em HD ou em 4K.

Mas isso varia um pouco dependendo da premissa do seu canal. É lógico que, se o seu canal fala sobre fotografia, seria no mínimo peculiar se você gravasse os seus vídeos usando uma câmera ruim. Mas quem tem um canal voltado para fotografia já deve saber disso, assim como alguém que faz um canal de maquiagem deve saber que usar a vassoura para passar blush não é uma boa escolha.

O que pode ajudar a evitar essas confusões é o bom e velho planejamento. Planeje, pare de tretar nos comentários e tire um tempinho para definir as suas prioridades. O que melhorar nos primeiros investimentos? Alguns objetos de cena novinhos pro seu cenário? Um rebatedor para dar aquele tapa na iluminação do seu vídeo? O já mencionado microfone direcional para deixar seu áudio mais limpo? Uma lente melhor que deixa seu vídeo com aquele toque profissional? Um computador mais potente para editar e exportar seu conteúdo mais recente? Avalie seus problemas e veja o que você mais precisa. Ou só o que vai caber no seu bolso, o que ainda te dá muitas opções de câmeras e afins. Você ainda vai ficar confuso, mas aí é só procurar no Google.

E, aproveitando a vocação nacional do improviso, por que não fugir dos padrões na hora de criar o seu cenário? Pense nos itens, em formas de usá-los de maneira pouco convencional e única, não adianta ser mais um cara com um monte de bonequinhos na prateleira ao fundo. Dá pra ser bonito e barato usando pôsteres e quadros. Panos para cobrir parede mais ou menos como o Pipocando faz, colocando um em cada lado do cenário. Dá uma de sustentável, aproveita o que você tem em casa. Simplicidade também é bom, então sem poluir o cenário, ele não precisa chamar mais atenção do que você, e sim complementar o conteúdo.

DIVULGAÇÃO

Sabe o que significa visualização? Um conjunto de pequenos cliques que definem o sucesso ou o fracasso do seu vídeo.

Mas não se preocupe, nada disso tem a ver com a qualidade do que foi postado. Lógico que, se o conteúdo for excelente, a chance de ele ser indicado pelas pessoas é maior. E é lógico que, se o conteúdo for ruim, a chance de ele nunca mais ser visto pelas pessoas também é maior.

Mas o ponto não é esse, e você já sabe disso, só estamos repetindo em palavras diferentes. O ponto é que a visualização conta antes que o espectador consiga avaliar a qualidade do que está sendo exibido. Se ele fechar o vídeo no meio, a visualização ainda contará (e ainda bem que funciona assim, porque são poucas as pessoas que assistem 100%). É o clique que importa! Já demos dicas anteriormente para você conquistar o clique pelo tema e pela miniatura, mas eles não são os únicos fatores dessa pseudociência-um-pouco-aleatória.

ESTÁ NA HORA DE CONSEGUIR VIEWS!

Vamos primeiro pela situação mais comum:

"Criei meu canal, mas não tenho nenhum inscrito. Quem vai ver o meu vídeo?"

Pra início de conversa: acredite no seu conteúdo antes de postar, porque, quanto melhor for, mais vai facilitar na hora de os outros divulgarem por você. E também vai facilitar para você na hora de divulgar a si mesmo. A sua confiança na hora de apresentar tem que ser a mesma na hora de divulgar.

Comece mostrando para os seus amigos mais próximos e pergunte com honestidade os pontos em que pode melhorar. Aproveita que você tem conta em umas 37 redes sociais diferentes e divulgue lá, só não vale ser inconveniente e ficar floodando.

Tente manter uma frequência de vídeos desde o começo. Isso já vai estimular os primeiros inscritos a esperar pelo seu conteúdo. Deixe claro quando o próximo vídeo vai sair e convide o público para assistir. Não fique parado em relação à comunidade e participe dos comentários de canais de que você gosta. As outras redes sociais também estão repletas de conteúdo, muitas vezes com os mesmos youtubers, então busque sempre expandir os horizontes.

> **FLOODAR** — *ATO DE INCOMODAR OUTROS USUÁRIOS POLUINDO A TELA COM MENSAGENS CHATAS PEDINDO PRA VER UM VÍDEO AINDA MAIS CHATO. GERALMENTE, O FLOODER NÃO SABE QUE ESTÁ SENDO CHATO E PRECISA APENAS DE UM ABRAÇO.*

MARIA VAI COM AS OUTRAS. CERTA ELA!

A vida não é sobre momentos? Aproveitar as oportunidades passageiras visando a oportunidades permanentes?

Bem-vindo ao YouTube, aqui é parecido.

Seus vídeos têm mais chance de serem relacionados a outros vídeos se você aproveitar "os momentos". E eles podem ser tanto gerais (correntes, desafios que se espalharam, notícias recentes) quanto específicos da sua área (a estreia de um filme, o lançamento de um jogo novo etc). Ambos vão te trazer público, mas é provável que os "momentos gerais" conquistem um público que se identifica mais com você e os "momentos específicos" conquistem um público que se identifica mais com o conteúdo.

Felizmente, você pode ser o seu conteúdo, e essa é inclusive a tendência com o passar do tempo. E é aí que os grandes tiram vantagem: se está rolando "o assunto do momento", nada melhor do que ver a opinião de alguém que você aprecia.

De qualquer forma, "momentos" são apenas momentos. Vídeos com esse apelo ganham um status de temporal e estão fadados ao esquecimento, então os planeje delicadamente. Porém, não significa que eles não têm importância, pelo contrário: esses vídeos têm uma possibilidade muito maior de chegar à lua antes mesmo dos americanos. Lembre-se de que este guia funciona como um conjunto, então todas as outras dicas devem ser aplicadas simultaneamente para um resultado mais efetivo. Combine um formato legal, um título clicável, uma thumb chamativa e, se possível, um carisma com o assunto do momento. Não desanime, pode ser que suas visualizações aumentem com o tempo e pode ser que essa fórmula falhe nas primeiras 321 vezes, mas nada que não seja resolvido na vez 322.

Já te dissemos a definição de insanidade? É fazer a mesma coisa várias e várias vezes e esperar que diferentes resultados aconteçam.

Seria o YouTube, então, regido por uma leve ordem do caos?!

FEAT

Não somos a TV, aqui ninguém precisa ser concorrente, todos podem ganhar.

Vá fazendo contatos com outros youtubers do seu tamanho, assim, quando uma corrente de "50 fatos sobre mim" estourar, você tem mais chances de ser indicado. Aproximar-se educadamente por meio de comentários ou mensagens é uma boa maneira de começar uma parceria e pode ser uma porta para vídeos colaborativos. Marque gravações com outros youtubers e de preferência postem um vídeo no canal de cada envolvido. Essas são vitrines chamativas, então trate de caprichar com a mistura dos ingredientes. E nada de achar que você precisa se limitar apenas a youtubers da sua área, já que conteúdos diferentes podem se juntar em uma colaboração divertidíssima. Canais de cinema e de games dão as mãos para falar sobre os piores filmes de jogos, por exemplo.

PiPoqueRA feAt. PiPocAtv

Hoje em dia, alguns canais focam mais nos convidados do que no próprio conteúdo e tem até mesmo quem dependa de outros youtubers para continuar existindo, então tenha cuidado para não cair no lado negro da força que só está interessado em polêmicas para garantir visualizações. Promova a paz, porque de tretas o YouTube já está cheio.

VÊ MEU VÍDEO

Imagina ter que ler mais de 3 comentários por minuto durante 24 horas e mesmo assim não chegar ao fim. Parece uma tarefa complicada, não? É o que alguns youtubers teriam que sofrer pra ficarem próximos de ler todos os comentários de UM dos seus vídeos, então não fique chateado se sua mensagem passou despercebida por alguém. De qualquer maneira, um empurrãozinho de certo youtuber grande pode ser o que o seu canal precisava para bombar, e não custa nada tentar a sorte.

Antes de mais nada, já vamos com diversos carimbos de "não" na sua cara, e desculpe a bronca que pode até parecer óbvia para alguns.

- NÃO faça um comentário só para divulgar seu canal.
- NÃO se divulgue em canais a que você não assiste.
- NÃO seja inconveniente.
- NÃO é permitido floodar.

Se você já é um usuário ativo na comunidade, ser notado pelo Senpai vai ser uma tarefa mais fácil. E, se o conteúdo também for semelhante, sua sorte está aumentando ainda mais. Comente algo interessante e tente fazer um link para seu vídeo ("falei mais sobre isso no meu canal" etc.), ou seja, sem ser desrespeitoso.

Participe mais ativamente da comunidade, deixe comentários sem necessariamente pedir para verem seu vídeo. Não faça isso de maneira falsa, apenas buscando uma escalada social. Quanto mais original for seu conteúdo, mais fácil o clique das pessoas. Aprenda a vender o peixe da maneira mais chamativa possível. O que as pessoas querem?

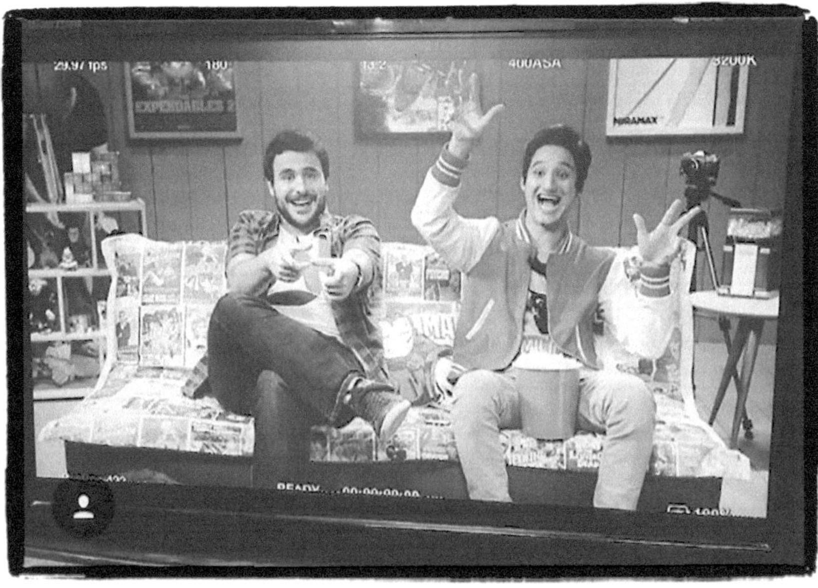

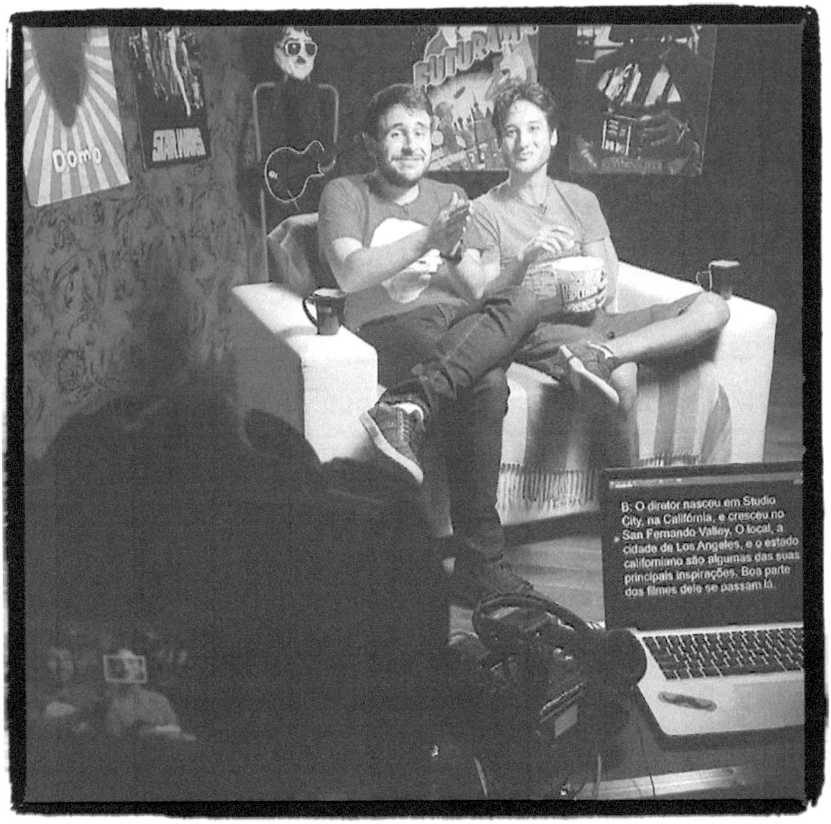
STAR WARS
B: O diretor nasceu em Studio City, na Califórnia, e cresceu no San Fernando Valley. O local, a cidade de Los Angeles, e o estado californiano são algumas das suas principais inspirações. Boa parte dos filmes dele se passam lá.

29.97 fps
400ASA
3200K
EXPENDABLES 2
MIRAMAX

DEPOIMENTOS

MARCELO BOCK (PAI DO BOCK)

Trabalho na produtora e me sinto com 23 anos incompletos! Todos aqui trabalham porque gostam, inclusive eu. Ainda estou aprendendo como é acordar e ter prazer de trampar e conviver com pessoas que têm outro estímulo de trabalho, bem diferente dos meus antigos colegas, para quem somente a grana valia o esforço. Todos são profissionais, mas há uma atmosfera de eterna festividade.

Todo dia é sexta-feira. Todo dia é dia de rir e dançar.

SAMUEL COSTA (SÓCIO DA BLUES)

Sou muito grato por trabalhar num lugar onde podemos apresentar o melhor que conseguimos, num clima entre amigos. Na Blues tentamos ao máximo trabalhar horizontalmente, entendendo onde cada um se sente à vontade em desempenhar melhor. É gradativo, mas com o tempo todos vão chegar aonde querem.

PETER (FINANCEIRO)

Grandes projetos como esse não são possíveis de se realizar sem dedicação, esforço e motivação. O talento também é importante, mas não basta para alcançar o sucesso. É preciso afeição e trabalho.

Hoje, a Blues é tanto uma fonte de inspiração quanto uma plataforma para a realização. O lugar é um ímã de pessoas talentosas.

BRUNO MAROSSI (COMERCIAL)

A felicidade foi alcançada. Trabalhamos como uma grande família, com brincadeiras, leveza, mas, acima de tudo, muito respeito, companheirismo e dedicação de todos. Somos muito autênticos no que fazemos. Lembra da minha primeira conversa com o Bock? Se chegamos ao limite, eu não sei, mas, a meu ver, já conquistamos o nosso mundo!

RODRIGO MAGU (COORDENADOR DE PRODUÇÃO)

Vi o crescimento desses caras de uma forma única e da qual eu, com 18 anos de audiovisual, jamais vi.

Há dois anos fui apresentado a um novo mundo de ideias, processos e projetos. Hoje respiro tudo isso numa "comunidade" de pessoas legais, simples e longe do mundo de "provérbios" americanos das agências de publicidade e produtoras *démodés* com regras antigas sobre como fazer, vender e captar.

Não sei se isso é a receita da evolução, mas com certeza são frutos que o Universo agora está devolvendo para esses manos que plantaram o bem.

JOÃO (EDITOR E DIRETOR)

Largar uma faculdade de cinema para trabalhar em um canal de YouTube, que curiosamente fala de cinema, não parecia um caminho sensato aos olhos dos meus familiares e amigos. Você deveria ouvi-los porque eles geralmente estão certos. Mas dessa vez, especificamente dessa vez, eles erraram. E tenho certeza de que tudo isso está valendo muito a pena.

JACK FREITAS (MAQUIADOR E FIGURINISTA)

A Blues foi um lugar onde tive a oportunidade de aprender muito em pouco tempo, além de descobrir quem eu sou e qual é a minha função aqui neste mundinho. Foi o lugar onde eu descobri que o meu tio estava errado quando me dizia que, caso eu não fizesse uma faculdade, não seria ninguém na vida. Aliás, chupa, tio!

ALDER ANDRADE (EDITOR E CÂMERA)

Na Blues, você trabalha se sentindo útil, valorizado e importante para a engrenagem. No meio audiovisual é bem difícil fazer tudo sozinho, quase impossível, eu diria! Essa harmonia que temos na produtora é um dos pontos altos para trabalharmos sempre tão motivados e ajudando um ao outro, como uma equipe mesmo! Obrigado pela oportunidade de fazer parte dessa história agora registrada em forma de livro!

MARCOS (ROTEIRISTA)

A Blues e o Pipocando são um carma na minha vida, mas do melhor tipo possível: aquele que te recompensa pelo que você fez de bom nos momentos em que você mais precisa. É o tipo de trabalho que não parece trabalho e faz questão de te lembrar o que fez você escolher sua profissão. É aquele ambiente de amigos que te faz crescer tanto profissional quanto pessoalmente.

ANDRÉ "STAGE" MAROSSI

Em algum momento, eu decidi largar minha faculdade e me focar completamente nesse trabalho, especialmente porque eu tô fazendo uma coisa de que gosto muito e também porque meu primo acabou sendo contratado para a produtora. Agora nós trabalhamos juntos para construir a história da Blues e do Pipocando.

FERNANDO MOTOLESE (PRODUTOR MUSICAL)

O ambiente da produtora era muito inspirador, com garotos saindo da puberdade e montando o cubo mágico em menos de 30 segundos, verdadeiros mestres da edição e da criação de conteúdo com pouca ou nenhuma verba. Dentro de uma casa transformada em estúdio no bairro de Santo Amaro, rolavam intermináveis *brainstormings* durante as madrugadas dos dias úteis, quando nasceu a cultura do "vai, vai, vai", que permitia que, em todas as manhãs, tivéssemos um novo vídeo pronto para subir no YouTube. Em um ambiente onde o trabalho sempre foi apenas um pretexto para estarmos juntos nessa busca incessante pelo conhecimento e realização pessoal, não poderia ser diferente, e o sucesso se tornou inevitável.

GABRIEL GASPAR

O Pipocando não se apresenta como uma autoridade, como alguém que dita, de cima para baixo, o que é certo em um filme. Ele abandona o autoritarismo dos meios de comunicação convencionais e traz um sopro bem-vindo de humanidade ao estudo de cinema. Ele se apresenta como um amigo que ama cinema. Isso é feito por meio das curiosidades, listas bem-humoradas e críticas na saída do cinema (esse é o papel que orgulhosamente cabe a mim no canal). É essa estrutura que acaba espalhando a paixão pelo cinema a toda uma juventude. Com ela, muitos descobrem que há muito mais na sétima arte que as duas horas na sala escura. E esse pode ser um dos segredos do sucesso inegável do Pipocando. Ao mesmo tempo, o canal preocupa-se em respeitar a linguagem cinematográfica e tem o cuidado de sempre embasar sua opinião por meio da análise técnica ou pesquisa prévia. E o estudo do cinema, como uma arte audiovisual, pode estar um passo mais próximo da perfeição quando é feito por outro meio audiovisual.

Nos vemos
No Youtube